Luto por suicídio e posvenção

Dados Internacionais de Catalogação na Publicação (CIP)
(Câmara Brasileira do Livro, SP, Brasil)

Fukumitsu, Karina Okajima
    Luto por suicídio e posvenção : a outra margem / Karina Okajima Fukumitsu. -- São Paulo, SP : Summus Editorial, 2023.

    Bibliografia.
    ISBN 978-65-5549-128-9

    1. Comportamento suicida 2. Luto - Aspectos psicológicos 3. Psicologia 4. Suicídio 5. Suicídio - Prevenção I. Título.

23-165033   CDD-155.937

Índices para catálogo sistemático:
1. Suicídio : Psicologia 155.937

Tábata Alves da Silva - Bibliotecária - CRB-8/9253

www.summus.com.br

EDITORA AFILIADA

Compre em lugar de fotocopiar.
Cada real que você dá por um livro recompensa seus autores
e os convida a produzir mais sobre o tema;
incentiva seus editores a encomendar, traduzir e publicar
outras obras sobre o assunto;
e paga aos livreiros por estocar e levar até você livros
para a sua informação e o seu entretenimento.
Cada real que você dá pela fotocópia não autorizada de um livro
financia o crime
e ajuda a matar a produção intelectual de seu país.

Luto por suicídio e posvenção

A OUTRA MARGEM

KARINA OKAJIMA FUKUMITSU

summus editorial

LUTO POR SUICÍDIO E POSVENÇÃO
A outra margem
Copyright © 2023 by Karina Okajima Fukumitsu
Direitos desta edição reservados por Summus Editorial

Editora executiva: **Soraia Bini Cury**
Coordenação editorial: **Janaína Marcoantonio**
Preparação: **Karina Gercke e Mariana Marcoantonio**
Revisão: **Rodrigo Luiz P. Vianna**
Capa: **Alberto Mateus**
Projeto gráfico e diagramação: **Crayon Editorial**

Summus Editorial
Departamento editorial
Rua Itapicuru, 613 – 7º andar
05006-000 – São Paulo – SP
Fone: (11) 3872-3322
e-mail: summus@summus.com.br

Atendimento ao consumidor
Summus Editorial
Fone: (11) 3865-9890

Vendas por atacado
Fone: (11) 3873-8638
e-mail: vendas@summus.com.br

Impresso no Brasil

Sumário

PREFÁCIO 7

1. QUANDO ACONTECE UM SUICÍDIO 11

2. "A TERCEIRA MARGEM DO RIO" E A VERGONHA 15
2.1 A vergonha em minha história 15
2.2 A vergonha na história da pessoa em luto por suicídio 20
2.3 A desapropriação da história e a vergonha. 25

3. QUEM NÃO É CONVIDADO PARA
EVENTOS SENTE RAIVA 29
3.1 A energia agressiva em minha história 33
3.2 A energia agressiva na história da pessoa em luto por suicídio 33
3.3 A desapropriação da história e a vergonha. 34

4. DE QUEM É A CULPA, AFINAL? 37
4.1 A culpa em minha história 39
4.2 A culpa na história da pessoa em luto por suicídio 40
4.2.1 As informações incorretas e entrelaçamentos
com a culpa 42
4.3 A desapropriação da história e a culpa. 46

5. FLUXOGRAMA DA PESSOA EM PROCESSO DE LUTO POR SUICÍDIO 51
5.1 O caminho do vazio existencial para a vulnerabilidade 58
5.2 O caminho do vazio existencial para a firmeza 59

6. RESSARCIMENTOS 63
6.1 Ressarcimento disfuncional: do processo de morrência
para a explosão ou a implosão 65
6.2 Ressarcimento funcional: do processo de extrair flor de
pedra para a saúde existencial. 69
6.2.1 Ressarcimento funcional voltado para a sociedade 70
6.2.2 Ressarcimento funcional voltado para si 73

7. E QUAL É A OUTRA MARGEM? 79
7.1 A outra margem 79

8. DO REFÚGIO AO RETORNO EXISTENCIAL:
ASSUMINDO A OUTRA MARGEM. 85
8.1 Aceitação das limitações e da limitação última que é a morte 86
8.2 Integração das partes fragmentadas. .89
8.3 Fortalecimento da firmeza existencial .94
8.4 Apropriação da dignidade existencial .101

9. APROPRIAÇÃO DA HISTÓRIA PESSOAL E
DO FÉRTIL QUE HABITA EM NÓS PARA SER ÚTERO 103
9.1 Quando a vida vira arte que leva tempo. 109
9.2 Nada é por acaso: estamos mais amparados do que imaginamos. .111
9.3 Não subestime a potência de uma pessoa enlutada 114

10. TRAVESSIAS DE UM INVERNO EXISTENCIAL. 117

11. VIVER NÃO APENAS PARA REAGIR. VIVER PARA AGIR E
PARA DESENVOLVER A ESPIRITUALIDADE 119

REFERÊNCIAS 129

Prefácio

A PESSOA IMPACTADA PELO suicídio de quem ama recebe um marcador existencial, sem desejar ou esperar. Ao usar a palavra "marcador", reflito sobre as *marcas* das *dores* advindas da morte por suicídio.

De forma violenta, o suicídio furta a sensação de que tudo estava sob controle, pois a dor pela morte trágica da pessoa querida é dilacerante e, por isso, provoca cegueira de horizontes existenciais naquele que foi devastado com tanto furor.

Sempre foi meu desejo que o sofrimento e a saúde existencial fossem preocupações primeiras nas lides acadêmicas. Portanto, as ações desenvolvidas a partir da graduação em Psicologia rumaram para que a prevenção dos processos autodestrutivos, o acolhimento ao luto por suicídio e a posvenção fizessem parte das grades curriculares da formação de profissionais de saúde e educação. Desde o doutorado[1] e o pós-doutorado[2] no Instituto de Psicologia da Universidade de São Paulo (IPUSP), tenho

---

1. Doutorado realizado no programa de pós-graduação em Psicologia Escolar e do Desenvolvimento Humano (IPUSP), sob orientação de Maria Julia Kovács, entre 2009 e 2013.
2. Pós-doutorado realizado no programa de pós-graduação em Psicologia Escolar e do Desenvolvimento Humano (IPUSP), sob orientação de Maria Julia Kovács, entre 2013 e 2017, com recebimento de bolsa do Programa Nacional de Pós-Doutorado (PNPD/Capes).

aprofundado a compreensão sobre as especificidades do luto por suicídio e apresentado intervenções destinadas ao gerenciamento de crises existenciais em diversas instituições.

Foram inúmeros os momentos em que titubeei, em que vi esmorecer minha esperança quanto a prevenção dos processos autodestrutivos, acolhimento ao luto, posvenção e saúde existencial. Sobre este último tema, devo dizer que minha incerteza foi agravada quando sofri inflamação cerebral, encefalomielite aguda disseminada (ADEM, por sua sigla em inglês), em 2014. Nesse período de verdadeira tormenta existencial, a sensação da proximidade da morte me trouxe o encorajamento necessário para reassumir a fé de que é possível realizar, mesmo sem o incentivo de políticas públicas, um trabalho que promova acolhimento ao sofrimento intenso e que sustente o desenvolvimento de saúde existencial.

Entendi que de nada adiantaria se eu me recuperasse e não transformasse minha história em missão. Ganhei a dádiva de me sentir dentro de mim, após tantos desencontros; e, depois que completei a travessia da sobrevivência, de meus maiores melindres, resgatei saúde existencial e recomecei. Associei-me às pessoas em luto por suicídio por me identificar com a necessidade de sair de escombros existenciais e voltei a ter esperança quando precisei, eu mesma, ressurgir das cinzas. Sinto que estou na outra margem.

Aliás, o subtítulo — *A outra margem* — e a capa desta obra são justificados pela minha compreensão de que, apesar de não existirem pistas para se iniciar um processo de posvenção, ninguém escolheu ser colocado à deriva, na intragável dor provocada por um suicídio. Nessa direção, esta obra tem o propósito de refletir a respeito das perdas e partidas e dos caminhos da dor; apresentar considerações sobre as especificidades do processo de luto por suicídio e posvenção e difundir os cuidados integrativos para promoção de saúde existencial para a pessoa em luto por suicídio.

A foto da capa foi tirada em minhas férias, na Costa Rica, no dia 10 de janeiro de 2023, quando, em uma das minhas caminhadas matinais, avistei um enorme tronco na margem da praia de Jacó. Rumei até ele, certa de que havia encontrado a representação perfeita da trajetória da posvenção.

Um aspecto é fato: nunca se é o mesmo depois que um suicídio chega na morada existencial. Portanto, a pessoa enlutada por suicídio percorre a peregrinação de uma travessia de uma margem surreal para outra desconhecida.

O luto por suicídio é um processo turbulento, em mar revolto, cujas ondas tornam a parte que falta um ciclo que provoca na pessoa enlutada a sensação de que ela nunca mais se erguerá novamente. Além disso, após a partida de alguém por suicídio, a ferida se torna chaga, que dói pela ausência presente de quem partiu. Ficamos em carne viva, e a pergunta que não quer calar é: "Será que encontrarei forças para conviver com a saudade de momentos que nunca mais serão vividos?" Sem rituais e alívio imediato, somos obrigados a viver a travessia do luto em ritmo desacelerado para aprender a ser útero de nós mesmos.

Perdemos o rumo e o prumo e, sem alívio imediato, somos obrigados a parar, pois precisamos tomar fôlego para respirar; para nos localizar; para identificar o que nos atropelou e qual é o nosso estado.

Como se trata de dor profunda, acompanho pessoas que, muitas vezes, buscam acolhimento com o intuito de preencher, imediatamente, seus vazios existenciais.

Acompanhar pessoas em processos de luto por suicídio me ensinou que ampliar a diversidade de respostas diante do desconhecido exige tempo. Trata-se, portanto, de dor singular, que cada pessoa enfrentará de um jeito único, rumando para um lugar que se desvelará como a outra margem.

Essa não é, porém, qualquer margem, à qual a pessoa enlutada deverá chegar a todo custo. A partir do momento que se é lançado no processo de luto por suicídio, nada mais será igual e nada mais deverá ser obrigatório. O luto nos permite assumir nosso direito de respostas e, como todo direito humano, cada qual pode usufrui-lo à sua maneira.

Tornamo-nos madeira à deriva, retirados do solo conhecido e do enraizamento cotidiano. Somos jogados ao mar e, após muitas ondas e percalços, chegamos a uma margem desconhecida. Sem vitalidade, por mais que nos sintamos sem energias, ainda somos compelidos a chegar à outra margem.

Se todos morreremos um dia, que possamos:

- aguardar o dia final guiados pela fresta de luz que ainda nos resta;
- nos autorizar a ser companhia nos momentos de muitas dores e, assim, aprender e ensinar sobre nossos processos de lutos para nos oferecer oportunidades preciosas;
- testemunhar, contemplar e acompanhar a travessia com a vida que ainda habita em nós;
- nos apoderar da outra margem, que nos mostrará que a história vivida com a pessoa que se matou é a garantia de que o amor nunca terá fim.

A outra margem se encontra depois que transcendemos o tronco morto... A outra margem é a possibilidade de a pessoa enlutada caminhar quando se dá a chance de continuar, apesar da morte violenta da pessoa amada.

Com carinho,
Karina Okajima Fukumitsu

1. Quando acontece um suicídio

> [...] *o suicídio de qualquer pessoa*
> *pode ser cravado na pele e penetrar*
> *nas entranhas de cada existência.*
> (Fukumitsu, 2014a, p. 270)

MANSIDÃO, BRANDURA, CALMARIA, equilíbrio e apoio deixam de fazer parte do vocabulário e do cotidiano da pessoa em luto por suicídio. Como consequência, todo esse emaranhado causado pela dor nos deixa céticos quanto à capacidade de ir além da dor.

Dor é dor, e deve ser percebida como tal, em seu estado mais verdadeiro. O sofrimento causado pelo suicídio é um tipo de dor que exige um lugar permanente do "nós" para enfrentarmos o sofrimento frequente do "eu". Portanto, como todos estamos sujeitos a ser atingidos por dores de diferentes intensidades, usarei em minha escrita ora a primeira pessoa do singular, ora a do plural, pois desejo, a partir do "nós", colocar-me em comunhão com as pessoas em luto por suicídio.

Quando um suicídio chega em nossa vida, sentimo-nos em campo minado de torpor, terror, julgamentos, críticas, e em busca constante por acolhimento, tanto por parte dos outros quanto de nós mesmos.

O julgamento não assume apenas a forma de crítica. A aprovação também é uma forma de julgamento. [...] Assim como todos os julgamentos, a aprovação instiga um empenho constante. Ela nos deixa incertos quanto a quem somos e qual o nosso valor real. Isso vale tanto para a aprovação que damos a nós mesmos quanto para a que oferecemos aos outros. Não se pode confiar na aprovação. *Ela pode ser retirada em qualquer momento, não importa qual tenha sido nosso desempenho passado. É um nutriente tão benéfico para o verdadeiro crescimento quanto o algodão-doce.* E, mesmo assim, muitos de nós passamos a vida em sua busca. (Remen, 1998, p. 49, grifo nosso)

Quando acontece um suicídio, toda a sensação de aprovação é retirada. Dessa forma, perante a morte trágica, não importa que nosso desempenho passado tenha sido adequado, pois sempre nos questionaremos sobre o que deveríamos ter feito de diferente para que esse drama não tivesse acontecido. A falta de compreensão é a trilha certeira.

Não entender os motivos pelos quais estamos sofrendo traz mais dor, e isso é insuportável para qualquer pessoa. Para sobrepor o que não suporta mais, o ser humano faz milagres que nem ele mesmo imaginou. E é a partir do acolhimento do sombrio e da integração com a luz que restou que o trabalho de posvenção tem acontecido.

A violência do suicídio de alguém amado causa instabilidade, culpa, falsa sensação de que poderíamos ter mudado o que foi inevitável.

Ter a experiência de ser impactado pelo suicídio de alguém é vivência traumática na qual somos obrigados a percorrer o solo fragmentado pela impotência, numa intensa busca de explicações diante da absurda falta de sentido. Aliás, no processo de luto por suicídio, há busca incessante por *sentidos*, no plural, pois o desespero é tanto que leva a pessoa enlutada a tentar encontrar várias possibilidades para continuar viva apesar da morte de alguém.

Para quem fica, quando um suicídio acontece:

É ter a morte como companheira indesejável o tempo todo.

É o desconforto que assombra.

É a imprevisibilidade que toma conta do cotidiano.

É o nunca mais que paralisa e o adeus que não pediu licença para acontecer.

É o inevitável que desperta a compreensão de que, na vida, nada controlamos.

É a infeliz constatação de que a morte tem o controle absoluto e de que, ao deixar tudo do jeito dela, torna a experiência caótica e nos lança em crise existencial.

O caminho do luto por suicídio é tarifário, mas quem faz a travessia e chega na outra margem constata e reafirma que a jornada é possível.

Apesar de todo o sofrimento, será preciso atravessar as águas turbulentas e pagar as tarifas, que são as diversas emoções conturbadas, como vergonha, culpa e raiva.

2. "A terceira margem do rio" e a vergonha

2.1 A VERGONHA EM MINHA HISTÓRIA

> *A vergonha de ser filha de uma pessoa que tentou*
> *várias vezes o suicídio poderia me calar; ao*
> *contrário, porém, por saber que podemos mudar*
> *os rumos do que nos faz mal, caminhei pela*
> *árdua trajetória de me tornar suicidologista.*
> (Fukumitsu, 2019a, p. 38)

Tenho uma colega que sempre disse que eu me expunha em meu sofrimento sobre ser filha de uma pessoa que tentou várias vezes o suicídio, fazendo comentários do seguinte teor: "O que a Karina está fazendo com o sofrimento dela?"

Como foi uma pessoa próxima durante certa etapa da minha vida e me acompanhou em minha adolescência e início da fase adulta, eu confiava nela e passei muito tempo julgando que minha exposição era inadequada.

Anos depois, retomamos contato, dividimos o mesmo evento no qual nós duas éramos palestrantes, dentre vários outros profissionais. Ela já havia ido muitas vezes para esse lugar, que sediava vários eventos, mas era a primeira vez que eu estaria ali como palestrante. Para piorar, foi também minha primeira apresentação fora de São Paulo, após a recuperação da inflamação cerebral.

No primeiro dia do evento, rumamos três pessoas no mesmo carro, nós duas e uma pessoa que eu conhecia apenas pelo nome. No transporte, ela disse: "Sua apresentação agora não será a mesma que fez em São Paulo, certo?", referindo-se a uma apresentação que organizamos para um evento na cidade. "Pergunto, pois você deixou todos constrangidos."

Não tendo ideia do constrangimento que causei, reprisei rápida e mentalmente minha apresentação de São Paulo e não consegui identificar nada que me desabonasse.

Imagine-se, caro leitor, indo pela primeira vez a um local, após um adoecimento raríssimo (que afeta 0,4 de cada 100 mil pessoas), tentando se manter em pé, e ouvir um comentário desses de alguém que conhecia você pela convivência de muitos anos. É bem provável que acreditasse piamente que a pessoa detinha a verdade absoluta sobre você.

Senti na pele o início da trajetória da vergonha. Ao ouvir o comentário dela, iniciou-se uma forte palpitação em meu coração e comecei a sentir falta de ar. Não me lembro de absolutamente nada desde o comentário dela, dentro do táxi, até minha apresentação. Foram exatamente três horas de um longo período e de uma vontade imensurável de fugir daquele lugar e voltar correndo para São Paulo.

A antecipação catastrófica me levou a pensar que eu não conseguiria me apresentar de forma "decente". Àquela altura, meus próprios julgamentos já me condenavam. A frase "você deixou todos constrangidos" ecoava inúmeras vezes em minha cabeça e fazia que eu me sentisse cada vez mais envergonhada.

Lancei mão de alguns minutos meditando, tentando resgatar meu prumo para a apresentação que ainda tardaria três horas. Respirei, na tentativa de me tranquilizar, dizendo para mim mesma que o mais difícil eu já havia enfrentado, ou seja, ao me recuperar da minha doença eu tinha nocauteado o enfraquecimento de quem eu era por autorizar que pessoas me ferissem a ponto de eu desenvolver adoecimento autoimune. Acrescentei a ideia de que não estava naquele lugar devendo nada a ninguém e que não precisava mais me preocupar com a opinião alheia. Também pensei que, se a colega se sentira constrangida comigo por algo que fiz, talvez isso dissesse muito mais respeito a ela do que a mim.

Todos esses pensamentos acalmaram minha vergonha e me ajudaram a manter minha integridade e, consequentemente, iniciei minha apresentação mais serena. Felizmente, no final da palestra, fui aplaudida em pé. Porém, a marca do medo, da inadequação e da sensação de que ainda não tinha me comportado bem permaneceu durante muito tempo em minha alma e em meu coração.

Anos depois, essa mesma pessoa me perguntou se eu tinha mesmo recebido alta do neurologista, fazendo menção à minha recuperação da inflamação cerebral, pois, segundo ela, percebia-me "muito detalhista em projetos que estávamos realizando juntas". Posteriormente, fiquei sabendo pela minha irmã que ela havia lhe contatado para perguntar se eu estava realmente bem, pois eu estava muito detalhista e exageradamente preocupada com tudo que fazia. Oras, tive uma inflamação cerebral cujos principais sintomas eram o esquecimento e a exaustão. Ao contrário do que essa pessoa pensou, minha forma detalhista de ser e de me comportar era sabedoria organísmica e ajustamento criativo para tudo o que eu sentia que estava perdendo e pela falta de controle que estava sentindo.

Quando compreendi que ela não sabia nada a meu respeito e que não viu a potência de eu estar manifestando minha autorregulação organísmica, senti-me invadida, invalidada, humilhada, exposta e desrespeitada novamente. Dei-me conta de que, além de ela ter sido cruel e invasiva, *era ela* a pessoa inadequada por tecer tais comentários sabendo da vulnerabilidade que eu enfrentava. *A inadequação não era mais minha, mas, sim, dela.* Logo, identifiquei que me distanciando dessa pessoa eu poderia me preservar, sentir-me menos atacada e aliviar a vergonha de ser quem eu era ou de quem estava parecendo ser frente aos olhares alheios.

Pensei que talvez esse devesse ser o caminho de libertação daquele que se sente envergonhado. Afastar-se de relações que fazem sentir vergonha e retirar-se concretamente de lugares onde há o risco de encontrar pessoas que provocam vergonha pode ser um dos estratagemas.

Apesar de já não concordar que as pessoas devam se retirar de seus lugares, como eu mesma fiz, a experiência relatada me ajudou a compreender os caminhos das pessoas que se sentem envergonhadas:

- afastar-se pelo medo de "não dar conta" das rejeições e críticas;
- calar-se com o objetivo de se recolher para não se sentirem atacadas.

Há de se cuidar para que o afastamento e o recolhimento não se tornem isolamento, invisibilidade ou silenciamento. Sendo assim, a dificuldade do enlutado se encontra na reconquista da autoconfiança, na superação da vergonha e na descoberta de estratégias para se reconciliar consigo após sentimento de tamanha humilhação, pois vergonha, humilhação e raiva de não se sentir pertencente estão diretamente relacionadas.

Voltando o olhar para minha própria vergonha, pude me aprofundar ainda mais na compreensão da vergonha no luto por suicídio, estabelecendo relações entre algumas histórias de suicídios, tais como os suicídios de meus ancestrais japoneses, que, ao se sentirem humilhados, ou quando não eram produtivos o suficiente, se mataram, fazendo o *seppuku*[3] ou haraquiri; por acreditarem que defenderiam sua pátria, candidatavam-se para ser camicases[4].

Não constranger ninguém e ficar constrangido(a) é introjeção que faz uma pessoa envergonhada se paralisar temporariamente, como se pudesse congelar quem é para tomar fôlego das ameaças dos olhares de outros.

Como tudo depende da forma como enfrentamos os sentimentos desagradáveis, penso que a vergonha é mensagem "engolida e não digerida" que herdamos de nossa cultura familiar e social:

> [...] cada família tem a sua Sombra. Quando nos dizem que "homem não chora", que "as damas nunca discordam de ninguém", aprendemos a evitar o julgamento renunciando aos nossos sentimentos e pontos de vista. Nós nos fazemos menos inteiros. É tipicamente humano trocar integridade por aprovação. Contudo, as partes que repudiamos não são perdidas, apenas esquecidas. Podemos lembrar da nossa integridade a qualquer momento. Ao escondê-la, nós a mantivemos em segurança. (Remen, 1998, p. 50)

---

3. Refere-se ao ritual suicida japonês reservado à classe guerreira, principalmente samurai. A palavra "haraquiri", embora amplamente conhecida no estrangeiro, não é muito utilizada pelos japoneses, que preferem o termo "seppuku". O ritual de estripação costumava fazer parte de uma cerimônia bastante elaborada e executada diante de espectadores. (Disponível em: https://pt.wikipedia.org/wiki/Seppuku. Acesso em: 17 jul. 2023.)

4. Camicases (comumente traduzido como "vento divino") foram os pilotos de aviões japoneses carregados de explosivos, cuja missão era realizar ataques suicidas contra navios dos Aliados na Segunda Guerra Mundial. (Disponível em: https://pt.wikipedia.org/wiki/Kamikaze. Acesso em: 17 jul. 2023.)

Em busca de aprovação, aprisionamos nossa maneira de ser e acreditamos que somos merecedores apenas da vergonha. Como punição, aceitamos a invasão da vergonha como uma espécie de absolvição dos nossos erros. Dessa forma, aceitando que a vergonha seja parte da existência, justifico o fato de não ser perfeito e, assim, acredito que não sou aceito nem nunca serei alguém aceitável. O preço da não perfeição é a vergonha.

A vergonha impede que continuemos a ser quem somos e prejudica a única maneira que podemos nos apresentar no momento presente. Em contrapartida, acredito que todo ser humano pode desenvolver firmeza existencial para enfrentar a inospitalidade das emoções confusas, os julgamentos e os preconceitos.

Tenho a impressão de que a vergonha nos coloca em olhar ensimesmado, como se fôssemos a única pessoa inadequada. Tornamo-nos "a bola da vez", pois imaginamos e sentimos que os holofotes foram direcionados apenas para nós, como se o mundo apontasse os dedos em riste para nos acusar, dizendo: "Você está fora dos padrões ideais. Você é uma pessoa inadequada e socialmente incorreta por ser quem é".

Sendo assim, defino a vergonha como o desassossego do ser humano, pois é o sentimento que faz que a pessoa se mostre como nunca gostaria de ser percebida. A vergonha frustra o desempenho idealizado e é emoção que desfigura violentamente a criação ilusória de sermos perfeitos. Pode ser sentimento perigoso que, para alguns, se torna a "sentença de morte" de que nunca mais será visto como antes da exposição.

2.2 A VERGONHA NA HISTÓRIA DA PESSOA EM LUTO POR SUICÍDIO

Como vimos, a vergonha é crença capaz de reativar processos de luto, sensações de rejeição, solidão, e de resgatar violências diante das quais um dia nos calamos. É sentimento que rompe as esperanças de pertencimento e nos coloca em situação de cegueira existencial, a ponto de nos sentirmos céticos de que merecemos "um lugar ao sol".

O conto "A terceira margem do rio", de Guimarães Rosa, foi apresentado a mim por uma das depoentes do pós-doutorado, cujo pai se suicidou.

> Identifico muito esse sentimento que eu tenho, não pelo lado só da vergonha, como aquele conto do Guimarães Rosa: "A terceira margem do rio" [...], acho que está em um livro dele chamado *Primeiras estórias*. Ele conta de um homem que um dia simplesmente vai viver dentro de uma canoa. Ele é narrado pelo menino e fala como se sente ao ver o pai que não fala nada. O pai simplesmente vai viver na canoa. E na canoa ele vive. E é isso. É bonito demais! E *o menino nessa narrativa fala da revolta, da vergonha, porque ninguém entende, no povoado onde eles vivem, o que aquele homem está fazendo na canoa. Nem ele próprio entende por que o pai está na canoa e por que quis. E não voltou da canoa. Quer dizer, eu acho que o suicida, para mim, é isso. É uma coisa que morre, mas continua lá, na canoa, para todo mundo ver.* Não morreu e foi embora, ninguém tem pena. Porque quando uma pessoa morre e você fica sem pai, as pessoas têm pena de você. *Quando o seu pai é um suicida, as pessoas têm ojeriza, elas não querem chegar perto porque elas também não querem entrar em contato com isso e você fica com aquele fantasma pendurado no pescoço. Então, você não tem nem o direito de ser alguém para as pessoas terem pena. As pessoas têm horror.* (Enlutada pelo suicídio do pai, grifo nosso)

As frases realçadas permaneceram em minha alma desde a entrevista do pós-doutorado, realizado entre 2013 e 2017.

A falta de acolhimento para com muitas pessoas enlutadas por suicídio me causa indignação e, ao mesmo tempo, impotência à qual não me autorizo a me render. Sem anestesia, a pessoa em luto por suicídio se sente desprotegida ao ter sido impactada por uma violência que nunca imaginou vivenciar.

Concomitantemente, por não saberem como lidar com o luto por suicídio, muitas pessoas se distanciam quando as pessoas enlutadas mais precisam, causando sensação de mais desamparo em alguém que necessita tanto de amparo.

"Morreu de quê?" Essa é a pergunta que provoca muitos incômodos na pessoa em luto por suicídio, por sentir que os julgamentos alheios poderão sequestrar seu lugar de aceitação.

A partir do momento que somos obrigados a conviver com a exposição provocada pelo suicídio, a vergonha se origina e, consequentemente, a preocupação com os olhares alheios se torna soberana, tal como vários depoimentos coletados em minhas pesquisas de doutorado e pós-doutorado:

> Não foi um assunto que foi debatido na família, sabe? Não foi. Parece assim: que as pessoas têm vergonha. Vergonha. Eu acho que a palavra é esta: vergonha. A gente tem vergonha de falar sobre isso pelo sentimento da culpa de se abrir e de falar. Então, foi um assunto que não foi falado na família do meu marido. Como é difícil. Nossa! É impressionante como é difícil, dá vergonha. Porque, na verdade, eu senti falta de um apoio realmente. Na hora, você fica meio perdida. A gente foi para a polícia, não tinha ninguém na polícia que soubesse conversar. A gente voltou para casa, ficamos com vergonha, porque é uma coisa horrível, porque ninguém queria falar sobre o assunto. [...] A família de um sobrevivente do suicídio carrega ainda muito estigma. Como eu falei, tem muito preconceito. Preconceito dentro de si mesmo e dos outros também. Eu tinha vergonha porque, se realmente

eu fosse condenar os outros, eu teria de ser uma pessoa que não tivesse vergonha de dizer a causa da morte. Eu tinha vergonha. Vergonha, porque me julgariam e julgariam a família da minha sogra, que se matou [...]. As pessoas me perguntavam e eu tinha vergonha de dizer qual tinha sido a causa da morte, e para alguns eu menti. (Enlutada pelo suicídio da sogra)

Contava a história de que a minha mãe tinha morrido por um acidente de carro. Eu lembro que durante muito tempo era essa a história que eu contava, se alguém me perguntasse ou se eu ficasse com vergonha de dizer. (Enlutada pelo suicídio da mãe)

Ela [filha da enlutada] estuda em uma escola que esse ano é o primeiro ano nessa escola. Fizeram uma dinâmica lá e o professor falou para cada um pegar um papel, não lembro exatamente como foi a dinâmica, mas ela pegou um papel e estava escrito: "Uma pessoa que você nunca esquecerá". Aí ela falou: "Meu tio" [referindo-se ao tio que se matou]. Perguntou o professor: "O que aconteceu?" E minha filha respondeu: "Ele faleceu". Minha filha pensou que o professor pararia ali, só que ele perguntou: "Morreu como?" Aí minha filha não conseguiu responder e ficou a classe inteira olhando para ela. As outras colegas da sala perguntaram para minha filha: "Ele se matou?" Mas a pessoa em luto não quer responder. (Enlutada pelo suicídio do irmão)

Eu acho que senti, durante muitos anos, inclusive por causa dessa exposição no rádio, uma vergonha muito grande. Uma vergonha muito grande, porque não foi só ele querer se matar. Foi uma desgraceira de outra ordem e que me fez pensar, inclusive, que eu teria muita vergonha se ele não tivesse morrido. Se ele tivesse sobrevivido, ele seria preso [por ter tentado matar a amante e ter se matado, posteriormente]. Então, ainda teve uma avaliação moral da minha parte de que foi melhor que ele tivesse morrido, porque se não morresse, ele seria preso e condenado. O que isso significaria na vida dele? Eu acho que essa vergonha é algo que perturba a minha vida até hoje. [...] Acho que porque ele teve a tentativa de assassinato e tudo mais. Ele viraria um criminoso, não é? E você fica com muita vergonha de que as pessoas saibam que uma pessoa que é seu pai cometeu um ato feio, louco, enlouquecido. Eu acho que fiquei com muito medo da loucura mesmo. Fiquei com muita vergonha da loucura. Hoje eu percebo isso. Acho que sim. Acho que fiquei com muita vergonha da loucura, essa coisa de a gente querer ter uma vida ascética, certinha, e daí vem uma coisa dessas que marca você e que parece que suja. Eu acho que durante muito tempo eu fiquei com essa ideia de que respinga em você. Obviamente respinga. E você fica ali marcado com isso, não é? Acho que não foi o que aconteceu com o meu pai, meu pai foi enterrado no cemitério católico, tudo certinho. Eu acho que remonta a essa condição de pária que o suicida alcança, de ele não poder ser enterrado no mesmo lugar. Entre os judeus isso é uma coisa muito mais séria, até, que nos católicos. Nos católicos tudo se dá um jeito, mas entre os judeus ele tem de ser enterrado em outro lugar. O suicida perde a dignidade de homem, perde o *status* de humano. E eu acho que *isso gerou em mim uma vergonha muito grande, ter um pai desterrado. Um pai que você não tem como valorizar, como enfeitar, como melhorar, sabe?* (Enlutada pelo suicídio do pai, grifo nosso)

Percebo que o afastamento é também atitude da pessoa enlutada por suicídio. Por se sentir "atacada" pelos múltiplos comentários insensíveis e insensatos, a pessoa em processo de luto por suicídio se afasta, retirando-se dos lugares que são seus.

Segundo Brown (2021, p. 137, tradução nossa) vergonha significa o "intenso e doloroso sentimento ou experiência de que somos falhos e, por isso, não merecedores de amor, de pertencimento e de conexões".

A vergonha nos desterra e acontece quando temos a expectativa de sermos apresentados para a sociedade de um jeito completamente diferente do que queríamos. De forma idealizada, queremos ser vistos como potentes, perfeitos, corretos e atraentes, e, quando não há correspondência entre a maneira como queremos ser vistos pelas pessoas e a maneira como elas nos percebem de fato, ou como nós imaginamos que elas nos percebem, sentimos vergonha. Portanto, a vergonha é a lamentação da maneira imperfeita de sermos vistos por outrem.

Fossum e Mason (1986, tradução nossa) ensinam que a vergonha é um sentimento sobre alguém enquanto pessoa. Sendo assim, penso que a vergonha promove a necessidade de a pessoa buscar, no afastamento e no recolhimento, a evitação do sentimento de ataques e ameaças. Além disso, percebo que quem se sente envergonhado(a) busca também, no silenciamento, lugares de proteção que "gritam" para dar conta do que foi ouvido como ofensivo, difamatório e humilhante. Nessa direção, quando sentimos vergonha, tornamo-nos melindrados e aprendemos visceralmente o que Rubem Alves (2012a, p. 95, grifo nosso) afirmou: "Há pessoas muito velhas cujos *ouvidos ainda são virginais: nunca foram penetrados. E é preciso saber falar. Há certas falas que são um estupro.* Somente sabem falar os que sabem fazer silêncio e ouvir".

2.3 A DESAPROPRIAÇÃO DA HISTÓRIA E A VERGONHA

> *Partes de nós que talvez tenhamos escondido durante toda a vida, por vergonha, com frequência, são a fonte de nossa cura.*
>
> (Remen, 1998, p. 49)

O leitor pode ter percebido que iniciei este capítulo tratando sobre "A vergonha na minha história" e que, após refletir sobre minha própria vergonha, retomei o assunto com outro subtítulo, "A vergonha na história da pessoa em luto por suicídio", mencionando primeiro a vergonha e depois a pessoa.

No enunciado deste subtítulo, "A desapropriação da história e a vergonha", deixei a vergonha por último. A troca de ordem é justificada pelo desejo de ilustrar que o sentimento de vergonha permanecerá em primeiro lugar se houver permissão de invasão. Quando houver autorização por parte da pessoa em luto por suicídio, essa emoção tenderá a ser maior do que ela e a impedirá de se apropriar da própria história. Em outras palavras, é sentimento que nos impedirá de ser quem somos se não houver trabalho de desenvolvimento de firmeza existencial.

É da vergonha que todo *bullying* se alimenta. Devemos aprender a delimitar fronteiras para opiniões ofensivas de outras pessoas; caso contrário, o sentimento de rejeição que existe em todos nós será alma gêmea da vergonha e nos atordoará, acompanhando-nos em forma de medo de não sermos aceitos. Nesse sentido, será preciso ressignificar a imaginação e a antecipação catastrófica de que seremos eternamente condenados à rejeição, ao desamor e à segregação.

Há de se esclarecer que fazer parte de grupos não significa permitir que comentários insensíveis e desrespeitosos a nosso respeito se tornem verdades únicas, pois serão os principais prejuízos à nossa integridade existencial. Dessa forma, para lidarmos com a vergonha, precisamos recorrer ao respeito de nossas crenças e convicções, que se tornam instantaneamente perturbadas a ponto de acreditarmos que o mundo inteiro está contra nós. Toda exposição violenta, sem assimilação, parece se relacionar diretamente com a sensação de que todas as pessoas acreditam que você é uma farsa.

A vergonha não pode ter tempo para se enraizar na nossa morada existencial, pois habitará o lugar de invisibilidade, correndo o risco de se tornar um habitante permanente em nossa alma. Portanto, se não atualizarmos as estratégias, a partir da plena atenção, em relação às idealizações que temos a nosso respeito, a vergonha nos fará sucumbir com pensamentos nocivos e autodestrutivos.

Brown (2021, p. 137, tradução nossa) ensina que "a vergonha prospera no segredo, no silêncio e nos julgamentos. Se você colocar a vergonha em uma placa de Petri e a embeber nessas três coisas, ela crescerá exponencialmente e ocupará todos os cantos e frestas da nossa vida". Nesse sentido, creio que o lugar de fala da pessoa que se sente envergonhada deve vir à tona a partir de sua própria história. *Sim.* Devemos falar, contar e recontar nossas histórias diversas vezes e nos posicionar em nossas emoções para contrabalancear a horrenda exposição causada pelo sofrimento existencial provocado pelo suicídio de quem amamos.

3. Quem não é convidado para eventos sente raiva

NÃO HÁ COMO PERCEBER que alguém se matará, sobretudo porque, conforme salientei em estudo anterior, prevenção é diferente de previsão e evitação, afirmando que "prevenção não significa previsão" (Fukumitsu, 2020, p. 42). Também não devemos confundir prevenção com evitação. Saliento que nem sempre conseguimos enxergar e dar conta de tudo, principalmente porque identificar todos os sinais de risco que outra pessoa corre é praticamente exigir que vivamos em sentinela e em estado de alerta durante 24 horas por dia. Isso é impossível!

Não acredito que o suicídio seja evitável, mas sim que seja possível preveni-lo no sentido de informar os sinais de alerta e os fatores de risco, capacitar profissionais para o manejo do comportamento suicida e acolher a família em trabalho psico-educativo para orientar sobre as possíveis condutas para com quem apresenta comportamento suicida.

Digo em cursos, palestras, rodas de conversa e encontros dialógicos que ninguém é um fracasso por não ter evitado a morte de alguém, pois não somos onipotentes. O suicídio de uma pessoa amada não pode ser comprovação de fracasso, até porque tenho absoluta certeza de que, se pudéssemos antecipar que qualquer pessoa se mataria, faríamos de tudo para que a tragédia não acontecesse.

Infelizmente, não temos como prever as situações, principalmente as que causarão sofrimento. Além disso, não sabemos de tudo, nem conseguimos dar conta de tudo, fato esse que tem relação direta com o pensamento mágico onipotente de que qualquer um de nós seria capaz de evitar a morte de outra pessoa. Não é tão simples como imaginamos…

Nesse sentido, se a compreensão do suicídio envolve multifatorialidade, o processo de luto por suicídio também exige a mesma compreensão multifatorial, apontando que a diferença principal entre o processo de luto por suicídio e o processo de luto por outras causas de morte se encontra em realizar a travessia da posvenção, considerando uma miscelânea de sentimentos, como torpor, frustração, impotência, medo, ojeriza, temor ao instinto de sobrevivência, pena, tristeza, vergonha e culpa, sendo a raiva um dos sentimentos mais difíceis para uma pessoa em luto por suicídio se autorizar a sentir.

Outra percepção incorreta que dá raiva é a de que a família e as pessoas do entorno de quem morreu comumente são apontadas como as responsáveis pelo suicídio. Esse fato causa diversas reações, do isolamento à autorresponsabilização, que é transformada em intensa culpa. No livro *Programa RAISE — Gerenciamento de crises, prevenção e posvenção do suicídio em escolas* (Fukumitsu, 2019a, p. 119) teci considerações a respeito:

> Combato a ideia de que são os "problemas familiares" os responsáveis pelos suicídios. A família é, sim, responsável pela educação dos jovens, mas não pelos processos autodestrutivos que estes venham a manifestar. Qual família não tem problemas? Conheço várias famílias funcionais, integradas, com pais dedicados, que se preocupavam com seus filhos e que sofreram pelo suicídio de seus jovens.

A raiva é consequência da percepção de que o suicídio foi uma afronta e pode se originar na revolta por ter de viver uma mudança completa na vida após a perda. Algumas pessoas em luto por suicídio sentem raiva em decorrência da revolta pela emancipação precoce e pela vida que ficou cada vez mais complicada, como cita a depoente da pesquisa de pós-doutorado, enlutada pelo suicídio da mãe:

> Toda revolta que eu passei foi por fases e foi passando. Dos 9, 10, 12 anos, conta meu pai. Eu fui mastigando aquilo. E se fosse assim, com 15, 16, com 20 e poucos anos? Será que eu teria a mesma [revolta], porque quanto mais você convive, acho que menos você entende. Você fala: "Como isso?" E já que ela [mãe] tinha que fazer [...], acho que ela fez na época certa. Revolta, eu sempre tive muita revolta. Tive de assumir uma nova responsabilidade, porque eu era a mais velha. Minha mãe quis morrer? Eu acho que em momento nenhum ela pensou em mim nem na [nome da irmã]. Eu acho um absurdo isso. Assim: hoje eu até entendo, porque estou estudando, eu tenho que entender que a depressão, eu aprendi com você [pesquisadora que foi professora dela], que é um ato de desespero. Então, talvez ela estivesse tão desesperada que ela não parou para pensar, nem em mim nem na [nome da irmã]. Mas eu fico pensando: "Não é possível. Isso é que é amor de mãe?" Eu acho que eu não quero ser mãe por causa disso, porque amor de mãe tem que ser mais forte.

Seria preferível ter uma pessoa se sentindo traída e brava conosco a ter essa mesma pessoa morta. Aceitaríamos a raiva da pessoa que tentou o suicídio em troca de ela estar viva.

Em seu livro *O surpreendente propósito da raiva*, Rosenberg (2019, p. 23) afirma que "os julgamentos que formamos a respeito dos outros — que causam a raiva — são, na verdade, *expressões alienadas de necessidades não atendidas*". Dessa forma, se a raiva surge quando não temos nossas necessidades acolhidas, ao transformá-la em agressividade não autorizada, deixamos de acolhê-la mais ainda, podendo culminar em processos autodestrutivos.

> Nós tornamo-nos violentos precisamente porque esperamos uns dos outros mais do que nós mesmos temos para dar. Quando buscamos soluções divinas em outras pessoas, fazemos delas deuses e de nós demônios. As nossas mãos já não acariciam, mas agarram. Nossos lábios já não beijam nem expressam palavras amáveis, mas mordem. Nossos olhos já não olham esperançosamente, mas espreitam. Nossos ouvidos só ouvem às escondidas. Toda vez que pensamos que outra pessoa ou grupo de conhecidos vai chegar e levar para longe nosso medo e nossa ansiedade, nós nos sentiremos tão frustrados que, em vez de gentileza, expressaremos agressividade. (Nouwen, 2007, p. 84)

Quando o outro se mata, nós morremos também. No processo de luto por suicídio, experienciamos vividamente a loucura, o desespero, a sensação de ficar sem chão, sem rumo, de ter sido retirados do mundo que até então nos era familiar. Somos destruídos pela agressividade do suicídio. Sendo assim, questiono: "Quem mata quem, quando acontece um suicídio?" (Fukumitsu, 2020, p. 50). Investir energia para entender que a pessoa estava viva e repentinamente desapareceu demanda muita força e trabalho emocional, pois ao mesmo tempo que tentamos lidar com a autodestruição de outra pessoa, nós, os enlutados por suicídio, também estamos destruídos.

Fontenelle (2008, p. 156) menciona: "Já Alberto sintetizou bem a sensação de quem fica: 'O problema dele foi 'resolvido', mas e o nosso?'"

Como dito, ter de viver o suicídio de alguém que amamos representa uma dor sem nome e uma aceitação sem explicação nem concordância. Confundindo autoabandono com rejeição de outros, agravamos o nosso sentimento de falta de pertencimento e, sem critérios, absorvemos de forma extremamente permeável uma espécie de repasse do drama daquele que partiu para nós, que ficamos. Para alguns de nós, pessoas em luto por suicídio, a sensação é de traição, abandono e início de uma solidão atordoante.

3.1 A ENERGIA AGRESSIVA EM MINHA HISTÓRIA

Minha mãe era agressiva comigo e com si mesma, e as direções da agressividade foram aprendidas a duras penas:

> A dor escancarada em minha pele pelas marcas do chicote levaram muito tempo para cicatrizar. Da mesma forma, em minha alma, as feridas também levaram uma temporada para serem assimiladas.
>
> A agressividade vinha "do nada". "Do nada", a violência me invadia com intensidade. Também foi "do nada" que minha mãe parou de me bater com o chicote e inovou os métodos coercitivos, me castigando pelos erros que ela acreditava que eu havia cometido. A partir dos meus dez anos de idade, a agressividade que depositava em nós, minha irmã e eu, parece ter se revertido contra ela mesma. Assim, o ciclo das inúmeras tentativas de suicídio teve sua origem, bem como meus estudos sobre os processos autodestrutivos. (Fukumitsu, 2021, p. 94-95)

3.2 A ENERGIA AGRESSIVA NA HISTÓRIA DA PESSOA EM LUTO POR SUICÍDIO

O suicídio de alguém que amamos pode ser compreendido de diversas formas: desde como uma desistência até como um pedido de ajuda para buscar o sentido de uma existência tão sem sentido.

Ápice do desespero, saída sem esperança. É pedido de socorro que exprime o sufoco de sua vida. É a desistência de um árduo esforço para lidar com intolerâncias, frustrações e adversidades. É o encerramento de uma existência que talvez já se sentisse morta. Uma saída intensa e repentina.

Já para a pessoa em luto por suicídio é a convocação constante e permanente de lidar com a dor que clama por luz, direção, paz no coração e horizontes, mesmo que sejam horizontes verticais... É teste de sobrevivência para tentar se reassegurar de que, apesar de nossos erros, acertos, disfuncionalidades, qualidades e defeitos, somos seres capazes de transformar dores sem nomes em sofrimentos consentidos — ou, em um jogo de palavras, em "sofrimentos com sentidos".

3.3 A DESAPROPRIAÇÃO DA HISTÓRIA E A VERGONHA

Será preciso não autorizar ser mais machucado do que está. No caminho da transgressão e da indignação com o acostumar-se, desenvolvi o pensamento de que quem acolhe o que sente respeita o tempo de gerenciamento da crise e aprende sobre si e sobre novas formas de lidar com as dificuldades diárias; oferece uma chance de aprender consigo e com a própria história. Como afirma Perls (1977, p. 30), "[...] aprender é descobrir que é uma questão de experiências novas". Sendo assim, acredito que "não conversar sobre o que provoca sofrimento implica a ausência de oportunidades para ressignificações" (Fukumitsu, 2019a, p. 37) — de reinvenção, espontaneidade, criatividade e ajustamentos criativos.

Evidentemente, quando cuidamos mais do que pertence ao outro em vez de cuidar do que nos pertence, há um acúmulo de insatisfações de necessidades, fato esse que promove a raiva. Nesse sentido, a oposição que criamos em relação a satisfazer as próprias necessidades em detrimento de agradar os outros é o que nos impede a fluidez. Conforme Perls (1977, p. 27), "A capacidade de renunciar, de abandonar respostas obsoletas e abrir mão de relacionamentos esgotados, e de tarefas além do próprio potencial, é parte essencial da sabedoria de viver".

Concomitantemente, é preciso não aceitar os abusos, indignar-se com a precariedade que o sofrimento provoca, utilizar a si mesmo como instrumento de mudanças, fazer sempre mais do que o possível.

A meu ver, todo ser humano é, em si, um sobrevivente, porque vive vários sofrimentos, de várias dimensões, e vai além daquilo que se esperava ou daquilo que pensou ser capaz de suportar.

Sobrevivente, para mim, é aquele que, em qualquer dimensão e circunstância, apresenta a urgência da necessidade de fazer algo para outras pessoas, apesar de sua dor — um processo ao qual me refiro como "extrair flor de pedra".

> Extrair flor de pedra foi o termo que criei para designar o que pessoas podem ofertar para si e para o mundo, apesar de se sentirem "demolidas e fragmentadas existencialmente". [...] pessoas que, apesar de nunca terem recebido do meio ambiente e das suas relações: amor, carinho, afeto, amparo, cuidado e atenção, descobriram maneiras de oferecer aquilo que mal aprenderam, sentiram e viveram.
>
> Portanto, *oferecem para o mundo aquilo que nunca receberam: carinho, atenção, beleza etc.*
>
> *Essa é para mim a grande beleza da existência humana: Extrair do que aparentemente poderia ser um "nada" algo primoroso, belo e imbuído de vida.* (Fukumitsu, 2019b, p. 189, grifo nosso)

Extrair flor de pedra é utilizar a energia agressiva a seu favor; é ousar apesar do medo; é se apropriar de quem é e se autorrespeitar por ter aprendido a não se subestimar, apesar do desprezo alheio. É transformar a agressividade em energia para transcender o medo e a sensação de falta de controle — sem precisar se justificar, tampouco mostrar que tem razão; é não esmolar por amor, reconhecimento, pertencimento para preencher a carência.

Dessa forma, a raiva pode ser funcional quando serve de motor e energia potente para a satisfação das necessidades e quando nos permitirmos questionar para nós mesmos: "O que posso fazer por mim nesta insatisfação?"

Costumo dizer que "a gente se acostuma ao quentinho do cocô" e esse comodismo usurpa a possibilidade de estar em outros lugares quentinhos. Sendo assim, o acostumar-se sequestra a liberdade de escolha e renúncia. Temos todo o direito de nos sentir indignados com aquilo que provoca sofrimento, o qual nos calará se permitirmos. Menciono a não permissão para sermos silenciados e calados porque, em meu trabalho com a raiva, considero que a preservação dos limites promove maior assertividade e nos faz reconsiderar os principais fatores de proteção para continuar em nossa trajetória.

Servan-Schreiber (2011, p. 40) coloca que nas "[...] circunstâncias críticas, ter o foco na ação é a melhor proteção contra o desespero. Mas é preciso antes reconhecer que a situação é emocionalmente muito dura". Reconhecer a situação para depois priorizar o foco na ação é trajetória de cicatrizações. Não é incomum ouvir sobre a busca por cicatrizações de chagas existenciais. Em nome do resgate da própria dignidade, de recomeços e de esperanças para continuar apesar da morte, a pessoa em luto por suicídio ruma seu próprio caminho.

4. De quem é a culpa, afinal?

Quando você se prende a velhas feridas, continua na estrada carregando aquele fardo.
(Ford, 2019, p. 104)

Em *O lado sombrio dos buscadores da luz*, Debbie Ford (2019) narra a história zen de dois monges que, voltando para casa, encontraram uma moça à margem de um rio. A correnteza era muito forte e ela não conseguia atravessá-lo. Então, um dos monges a tomou nos braços e a levou até o outro lado. Os dois seguiram viagem. Até que, em dado momento, um monge acusou o outro de ter quebrado seus votos sagrados ao tocar no corpo de uma mulher, ao que este respondeu: "Eu deixei a moça na margem do rio. Você ainda a está carregando?"

A maior parte das pessoas enlutadas sente que o suicídio poderia ter sido evitado e que seriam elas as responsáveis pela evitação de toda a tragédia. Esse sentimento recebe o nome de culpa. A história mencionada acima é, a meu ver, uma bela ilustração do fardo que carregamos por meio da culpa. Prendemo-nos a velhas feridas e continuamos na estrada da culpa, carregando o fardo de não termos tido a chance de evitar o suicídio de quem amamos.

A pessoa que se suicidou não deu nenhum sinal e não falou sobre seus planos de se matar. "O que deixei de perceber? Era depressão? Era transtorno bipolar? Era esquizofrenia? Que sofrimento era esse que eu não fui capaz de identificar?" — todas essas falas retratam ações que não foram efetivadas.

Parkes (1998, p. 109) afirma: "Aceitar o fato de que a morte pode ocorrer em qualquer lugar, e de que a doença não respeita pessoas, lugares ou tempos, mina a fé que se tem no mundo como um lugar seguro e em ordem".

Uma vez que não conseguimos aprisionar a morte, para nos poupar, adotamos estratégias na tentativa de adaptação do "nunca mais". A culpa é uma delas.

Culpamo-nos por deixar de fazer, culpamo-nos por fazer demais, culpamo-nos por não nos tornarmos *aware* de que cada um age à sua maneira e de acordo com sua possibilidade.

Quando alguém morre, é comum pensarmos sobre o que deixamos de fazer, e a absolvição do suposto erro acontece pela culpa. Imaginamos o que poderíamos ter feito de diferente para evitar a morte e até mesmo a tragédia. Portanto, a culpa é uma "reação de persistência", nomeada também por Tobin (1977, p. 161, grifo nosso) como "reação de adaptação à perda":

> A reação de adaptação à perda de uma pessoa amada é um período de tristeza bastante longo, seguido por um interesse renovado em coisas e pessoas vivas. A reação de adaptação à perda de uma pessoa odiada seria supostamente alívio. A reação de "persistência" serve para inibir as emoções pela perda e *manter a pessoa presente em fantasia*.

A reação de persistência mencionada perdura juntamente com a imagem do corpo desfalecido, que nos coloca em questionamento perturbador: "Se não pude 'ressuscitar' aquele que estava diante de mim e que estava vivo, do que sou capaz?". Dessa forma, para manter a pessoa presente em fantasia, criamos a confusão entre o que sentimos e o que não fizemos. Enquanto não desfizermos essa confusão e não diferenciarmos o que sentimos do que não pudemos fazer, o sofrimento tenderá a aumentar em forma de culpa.

Culpa é dívida e falta no ser humano. É sentimento que surge como tentativa de lidar com o que foi violentamente afastado da pessoa e com as lacunas que são apresentadas ao longo da vida. Culpar-se, portanto, significa que as ampliações de possibilidades não podem ser ressignificadas e que teremos de ser eternamente responsáveis pelo preenchimento das ausências com que nos deparamos em nosso caminho.

4.1 A CULPA EM MINHA HISTÓRIA

Fui mestra em sentir culpa durante grande período da minha vida. Por ter vivido de forma caótica durante muito tempo, antigamente acreditava que não desenvolveria recursos para driblar o solo fragmentado e tortuoso. Tinha a crença de que o solo destruído se tornaria destino de destruição familiar e de autodestruição. Também tinha a convicção de que, porque não tive família funcional, nunca seria capaz de ter uma família para chamar de minha. Porque não tive pais que pudessem manter minimamente os bons tratos para comigo e um para com o outro, imaginei que seria incapaz de me relacionar com outras pessoas de forma funcional. Por eu ser insegura, desamparada e ter muitos medos, antecipei que não seria capaz de oferecer segurança, amparo e encorajamento para mim mesma e para outras pessoas. Todas foram antecipações catastróficas. Imaginações, pensamentos e crenças se juntavam ao sentimento de culpa, uma sensação onipresente de que eu era a responsável por todos os infortúnios que aconteciam comigo e com todos. Ao longo do tempo, dei-me conta de que a culpa era a emoção autodestrutiva e imaginária de que eu deveria me encarregar de pesos e fardos que não eram meus. Dessa forma, aprofundei-me nos estudos sobre culpa. Um dos livros mais potentes sobre o tema foi a obra *Angústia, culpa e libertação*, de Medard Boss (1988), que ensina que a palavra alemã para culpa é "Schuld", que significa "dívida".

A culpa envolve muitos "deverias" e pouca compaixão pelas ações que foram possíveis para dar conta dos momentos de fúria, de conflito, de mágoas e de ressentimentos, tanto que "poderia", "falaria", "faria", "teria" revelam seu fator condicional. [...] Em alemão, culpa é *schuld*, palavra derivada de *sculd*, ou seja, aquilo que falta e "é realmente algo que sempre e perpetuamente falta na vida do ser humano" (Boss, 1988, p. 31). Dessa forma, a culpa significa dívida e impossibilidade de escolher. Nesse sentido, culpa é a ideia distorcida de que o enlutado tem total responsabilidade por tudo que aconteceu [...] é a negação da percepção de que o suicídio é um ato único e exclusivo daquele que se mata. (Fukumitsu, 2019c, p. 53)

Na culpa, a pessoa é a endividada e, ao mesmo tempo, quem paga a conta. São dois movimentos que pertencem a uma só pessoa, e a conta elevada, com preço impagável, é realizada pela frequente ruminação de que tudo poderia ter sido diferente se ela tivesse agido de outra forma. Porém, há de se destacar que agimos apenas *como podemos e conseguimos agir* naquele momento. Nesse sentido, a pessoa usa a culpa para cuidar de outras e, por meio das autoacusações, encontra caminhos, temporários e utópicos, para ir além da própria dor.

4.2 A CULPA NA HISTÓRIA DA PESSOA EM LUTO POR SUICÍDIO

Diante da falta de respostas de uma morte por suicídio, o vazio deixado por quem se foi é, muitas vezes, ocupado pela culpa. Dessa maneira, como dito, a culpa é reação persistente que potencializa a crença autodestrutiva de que a própria pessoa enlutada por suicídio é a única pessoa capaz de responder às questões não respondidas.

No caso do luto por suicídio, por vezes a pessoa enlutada cria a dívida e aceita pagá-la, sem amortecimento, até o final da vida.

O fato é que o suicídio desencadeia a imaginação perturbadora de que houve mais erros do que acertos. Será, portanto, por meio da culpa que essa pessoa direcionará a potência ilusória de que tudo gira em torno dela.

> Eu tive muita dificuldade, por muito tempo, para aceitar esse fim que não foi o fim. Porque eu nunca mais falei com ele. Eu nunca tive a oportunidade de confrontá-lo, de falar: "Por que você fez isso? Por que você acabou com a sua vida dessa forma? Por que você deixou essa culpa para mim? O que você sentia por mim? Qual era o problema que você tinha? O que estava acontecendo?" Eu queria muito ter essa chance de conversar com ele. Por muito tempo eu não me conformei com esse fim, de qualquer jeito, que teve entre nós dois. De repente, ele morreu e pronto. (Enlutada pelo suicídio do ex-namorado)

> A minha revolta, acho que fica girando em torno de perguntar se eu sou a culpada ou se minha mãe é a culpada. Lembro das coisas que eu vivi, porque existe essa possibilidade. Tem o "se" — se ela estivesse viva, minha vida seria diferente. Ou não, minha vida podia ser exatamente como ela é, mas como existe essa possibilidade, a gente fica pensando, colocando isso como explicação. Porque talvez eu cometesse os mesmos erros. E a gente tinha que dar todo o respaldo para ela. A gente tinha que ficar em cima dela para ela não se matar? (Enlutada pelo suicídio da mãe)

É muito comum ouvir que o suicídio provoca a sensação de se estar caindo várias vezes em um poço sem fundo. Frustrados por tudo o que foi feito e por tudo o que não pôde ser feito — pois, no final, a pessoa partiu de forma tão trágica —, percebo que a pessoa enlutada vive um emaranhado de sentimentos que perturbam a paz diária. Dessa forma, o desrespeito à própria singularidade que a catástrofe do suicídio provoca acentua a necessidade do desenvolvimento de manobras para lidar com o sofrimento. Como vimos, uma dessas manobras é a culpa. Porém, a culpa nos impede de prosseguir com nossas ações, agindo como podemos agir no aqui e agora.

4.2.1 AS INFORMAÇÕES INCORRETAS E ENTRELAÇAMENTOS COM A CULPA

Em geral, percebo que a tristeza, a raiva e a culpa das pessoas em luto por suicídio se acentuam durante o mês de setembro amarelo, no qual algumas campanhas de prevenção ao suicídio preconizam a insensata compreensão da afirmação de que "90% dos casos de suicídio poderiam ser evitados". A incorreta compreensão dessa afirmação e a informação de que devemos observar os sinais de alerta provocam nas pessoas enlutadas por suicídio a sensação de inadequação — a sensação de que elas fizeram algo de errado para que o desfecho da pessoa amada fosse o suicídio —, bem como a culpabilização, refletida na fala de que "fracassaram e não foram capazes de enxergar os sinais". Essa informação precisa ser elucidada. Cerca de 90% dos casos de suicídios têm entrelaçamento com transtornos mentais. São, de fato, os transtornos mentais factíveis de evitação, uma vez que o tratamento aconteça. Mas não podemos realizar aproximações reducionistas, afirmando que os suicídios são evitáveis.

Sempre que falamos sobre processos autodestrutivos, devemos diferenciar entre intencionalidade e letalidade. Muitas vezes me perguntam se existe um perfil de pessoa que tende a se matar, e eu respondo que não. No entanto, a discussão entre hereditariedade e cultura familiar surge com frequência e, por esse motivo, faz-se necessário, na compreensão dos processos autodestrutivos, entender a transmissão psíquica transgeracional e as maneiras disfuncionais de lidarmos com abusos, violência e traumas.

Além de desfazer a confusão entre o sentir e o atuar, será preciso substituir o conceito de causalidade — isto é, a compreensão de que o suicídio aconteceu por uma única causa —, ou seja, o suicídio deve ser compreendido em sua multifatorialidade. Particularmente, gosto de substituir o conceito de causalidade pelo conceito de motivação, explanado por Lindzey (1984, p. 85, grifo nosso):

A motivação sempre pressupõe uma compreensão (certa ou errada) da relação causa e efeito. Para ilustrar a diferença entre causa e o motivo, Boss utiliza o exemplo de uma janela fechada pelo vento e por uma pessoa. O vento causa o fechamento da janela, mas a pessoa é motivada a fechar a janela porque sabe que quando a janela está fechada a chuva não entra, o barulho da rua é diminuído e as correntes de ar são eliminadas. Pode-se dizer que a pressão exercida pelo braço da pessoa sobre a janela causou o fechamento — o que seria verdade, mas tal explicação omitiria todo contexto motivacional e cognitivo de que *o ato final é simplesmente um complemento. O próprio ato de aplicar a pressão requer o conhecimento de onde colocar a mão, do significado de empurrar ou puxar alguma coisa, e assim por diante.* Consequentemente, a causalidade tem pouca relevância para o comportamento humano. *A motivação e compreensão são os princípios operativos de uma análise existencial do comportamento.*

É importante ressaltar esse entendimento apresentado no trecho em destaque. É exatamente por esse motivo que, em posvenções, eu sempre digo três frases: "A verdade vai juntamente com aquele que se matou"; "imaginar quais foram as causas que levaram ao suicídio é apenas fazer elucubrações" e "o ato suicida é único e exclusivo de quem se matou".

Considerando também que alguém que deseja a morte quer se livrar de seu sofrimento, precisaremos explorar as dimensões desse sofrimento. Para tanto, respaldo-me nos 3I's apontados pelo estudo de Chiles e Strosahl (2005), em *Clinical Manual of Assessment and Treatment of Suicidal Patients* [Manual clínico de avaliação e tratamento de pacientes suicidas], que apontam que o sofrimento é intolerável, interminável e inescapável. Dessa forma, nesse momento, a pergunta será: "O que você não mais tolera?"

Justifico que a pergunta se relaciona com o manejo embasado na crença de que a intolerância tem relação direta com o pensamento enrijecido. O interminável tem a ver com a necessidade de alívio imediato do sofrimento, com a rotina de resolução instantânea e inescapável, com a falta de confiança na capacidade de encontrar saídas. Sendo assim, é a partir da ressignificação das percepções enrijecidas e da ampliação dos ajustamentos criativos que a pessoa poderá lidar com aquilo que Shneidman (2008) menciona sobre a *tunnel vision* (visão em túnel), que representa para a pessoa a crença de que apenas a morte apaziguará as sensações de desamparo, desespero e desesperança para a situação interminável, inescapável e intolerável.

Ofertei explanação breve sobre o manejo de um comportamento suicida para mostrar o quanto é difícil cuidar do sofrimento de outra pessoa, ainda mais se ela não se ajuda nem aceita ser ajudada. É preciso testemunhar e acompanhar o sofrimento, tentando compreender suas nuanças e sua singularidade, e propor discussão a respeito dos problemas, do sofrimento e das maneiras de enfrentamento, expandindo as fronteiras que, algumas vezes, ficam tão limitadas.

O pensamento enrijecido é uma das características do comportamento suicida, como vimos no capítulo 3. Normalmente, ouço relatos a respeito de pessoas que partiram por suicídio, que eram muito engajadas em proteger e defender causas sociais e outras pessoas. Penso que pouquíssimas pessoas altruístas fazem isso por ter coração pequeno. São corações grandiosos ao pulsar por questões sociais, mas que não encontram pulsação suficiente para bombear por causas próprias. Os relatos também indicam que essas pessoas eram determinadas, com certa rigidez ao defender o que era direito do humano e demonstravam certa intolerância, que denominei "intolerância existencial". A pessoa se torna tão enrijecida que impede o acesso do outro. Fazendo uma analogia, é como falássemos de uma "muralha da China" construída na relação: notamos que a pessoa se encontra em grande sofrimento, mas ela não nos permite o acesso. No entanto, só poderemos fazer o que nos for possível.

Compreendo que o ato suicida foi um ato precipitado por várias motivações, assim como o fazer e o não fazer em prol da pessoa que estava em crise suicida também foi um complemento de várias motivações. Em outras palavras, se agi como agi, foi pelas motivações que me fizeram proceder daquela forma naquele momento. Aqueles foram *os únicos* ajustamentos criativos e respostas que pude oferecer. Desse modo, há uma ampliação de compreensão sobre a possibilidade de a pessoa se perdoar por aquilo que não sabia nem conseguiria antecipar sobre o desfecho trágico.

Acompanho pessoas enlutadas por suicídio que testemunharam a cena trágica; que tentaram socorrer o corpo desfalecido e que, depois da morte por suicídio, em vez de assumirem que foram vítimas da situação, tomaram a direção contrária de assumir que foram os algozes, os "causadores" da morte daquele que partiu por suicídio. Em vez de serem meros espectadores, tornam-se protagonistas do suicídio por meio da culpa. Há, portanto, uma confusão na responsabilidade de quem é o agente do suicídio. Suicídio é definido como "*ação de acabar com a própria vida,* de se matar" (Suicídio, 2023, grifo nosso). Se o agente é *a própria pessoa que se mata*, é, no entanto, a partir da culpa que mantemos viva, dentro de nós, a pessoa que morreu.

4.3 A DESAPROPRIAÇÃO DA HISTÓRIA E A CULPA

A culpa surge como recurso para lidar com a impotência; é como se pudéssemos direcionar a potência que não foi colocada na vida da pessoa que se suicidou (pois ela está morta) para a pessoa que está em luto por suicídio, que acaba acreditando que é a culpada pelo que aconteceu. Entretanto, a culpa é geradora de ruminações que trazem uma dívida e a cobrança de que poderíamos mudar o desfecho da situação, a qual é de difícil pagamento. Penso que o sentimento de culpa, as autoacusações e a sensação de ser acusado por outros costumam desempenhar um papel importante no processo de luto por suicídio, por proporcionarem uma direção potente pela qual a pessoa enlutada deposita suas dúvidas, impotência, raiva e indignação. São emoções diferentes que se misturam com o intuito de auxiliar na autorregulação organísmica da pessoa em luto.

> Eu lembro que falei para o meu pai: "Foi por minha causa?" Aí meu pai falou: "Não, não foi por sua causa". Mas na minha casa a gente sempre se acusou muito por causa da morte da minha mãe... o tempo todo. [...] Eu falava: "Sabe por que minha mãe se matou, porque ela não aguentava viver com você". Meu pai respondia: "Talvez foi porque ela teve uma filha igual a você". Então, era muito triste isso para mim, eu chorava muito. [...] A gente falava mais é para se agredir mesmo, quando estávamos nervosos.

Quem vive essa situação sabe o que está vivendo e, quando percebemos o absurdo que estávamos fazendo entre nós, mudamos. Eu dizia que meu pai não era o culpado e eu nunca mais vesti essa carapuça de culpada. E até para as pessoas que tentam culpar, jogar uma desculpa, eu falo: "Gente, não é por aí". Às vezes eu escuto as pessoas falarem: "Ah, é porque..." — sempre tem um motivo. [Pausa] Mas, a gente nunca vai saber. Se tem um motivo ou não, a gente nunca vai saber. Só se ela estivesse aqui para contar. Não tem como saber. Então, eu não me acho mesmo culpada. *Eu acho que ela [a mãe] é culpada. E acho que ela é culpada e culpo mais ela por ter tirado as oportunidades que eu acho que eu poderia ter. Esse é o "X" da questão. Eu culpá-la por tudo o que aconteceu na minha vida.* E a gente não sabe o motivo. Na carta ela escreveu, porque eu que vi que ela colocou o papel no bolso e a gente teve de prestar depoimento três anos. Então, ela fez porque tinha que fazer. Seja qual for o motivo. Não é qualquer pessoa que se suicida. Não é qualquer pessoa. Ela podia ter se matado a qualquer momento e não porque eu fiz alguma coisa. Por que eu estava de castigo? Por que poderia ser o estopim para a pessoa? A gente não sabe, não tem como ficar culpando. Igual, eu escutei falar muitas coisas: "Que minha mãe pegou meu pai com outra na cama". Isso é mentira, porque isso a gente estava lá. Meu pai fazia tudo pela minha mãe.

Acho que o que mais mata a gente é saber que é uma patologia e que a pessoa tinha cura. Tinha uma possibilidade. Ela tinha. Minha mãe tinha uma possibilidade de estar viva. Ela poderia estar viva. Mas ninguém avisou e nem ela. A gente não sabia. E foi, aconteceu. É complicado. (Enlutada pelo suicídio da mãe)

Depositando toda a responsabilização nela, a pessoa enlutada se torna potência imaginária absoluta no quesito "Eu teria o poder de mudar o trágico". A culpa se revela como *imaginação onipotente*, pois nunca teríamos o poder de mudar quaisquer situações, principalmente as trágicas. A culpa é, portanto, uma fantasia de que nossos erros acarretaram o suicídio. Em contraposição, raramente, na culpa, validamos os acertos. Precisamos aceitar que a vida do outro pertence ao outro, assim como as ações de distanciamento do outro dizem mais respeito ao outro do que a nós mesmos.

Apenas se tivéssemos uma bola de cristal conseguiríamos deter a pessoa do impulso de se matar. Por esse motivo, acredito que imaginar que conseguiríamos mudar uma morte é um pensamento cruel. Concomitantemente, penso que, no processo de luto por suicídio, há a possibilidade de a pessoa em luto ressignificar suas crenças distorcidas, apesar da insegurança advinda da situação.

Para finalizar, a estratégia que utilizo ao lidar com a culpa da pessoa enlutada não começa com a rejeição ou a negação do sentimento de culpa. Não utilizo a assertiva: "Não se sinta culpado(a)". Em vez disso, digo: "Do que você se culpa?" Perguntando sobre o que a pessoa em luto por suicídio se sente culpada, tenho condições de verificar também as motivações que a levaram a não fazer aquilo que acredita que deveria ter feito e dito para quem partiu. Outro aspecto relevante no trabalho com a culpa é a compreensão das modalidades de enfrentamento que a pessoa em luto adota. Também é importante realizar um levantamento sobre as expectativas, as frustrações e a flexibilidade para mudanças de rota e de conduta quando o inesperado acontece.

Além disso, acredito que o trabalho principal com a culpa é o de organizar as ideias confusas para serenar as crenças distorcidas de que é a pessoa em luto a responsável pela tragédia. Para tanto, é necessário cuidar daquilo que Rubem Alves (2012b, p. 121) denomina "dor de ideia". A culpa é dor de ideia, e a rigidez acentua as dores de ideias:

> Você está com dor de dente. O dentista examina o dente e lhe diz que não tem jeito. A solução é arrancar o dente. Anestesia e boticão, o dente é arrancado. A dor desaparece. Você deixa de sofrer. [...]
>
> A coisa fica diferente quando a dor que você tem é uma dor de ideia. Dor de ideia dói muito. São dores de ideia a ideia de perder o emprego, a ideia de ser feio, a ideia de ser burro, a ideia de que o filho vai morrer num desastre, a ideia de que Deus vai mandá-lo para o inferno, a ideia de que quem você ama vai traí-lo. Dores de ideia são terríveis: causam ansiedade, pânico, insônia, diarreia.

5. Fluxograma da pessoa em processo de luto por suicídio

EM CONSONÂNCIA COM A proposta do Programa RAISE, por meio do trabalho psicoeducativo, elaborei o fluxograma da pessoa em processo de luto por suicídio, disponível na página seguinte.

Conforme expus em Fukumitsu (2019a), considero o trabalho psicoeducativo uma das principais ações de prevenção ao suicídio. É esse trabalho que habilita profissionais de saúde e familiares a identificarem fatores de risco. Nesse sentido,

> a fase "habilitar" inclui a oferta da compreensão respeitosa sobre os suicídios e sobre as motivações que levam uma pessoa a preferir a morte à vida. Saber o que fazer ou como trabalhar preventivamente com os suicídios e após um suicídio acontecer é preocupação primeira da fase "habilitar". As ações para habilitar incluem rodas de conversa, palestras, debates, encontros dialógicos, *workshops* e cursos. (Fukumitsu, 2019a, p. 96)

Se acolher alguns sentimentos não é nada fácil, administrar as emoções, menos ainda, principalmente quando temos de enfrentar as adversidades. Quando a tragédia de uma morte por suicídio nos é apresentada, o inóspito nos assombra. O suicídio faz que a pessoa em luto fique intimidada, perdendo sua intimidade, pois a morte escancarada (Kovács, 2003, p. 141) nos obriga a lidar com o que não queríamos ter como experiência e se torna público. Obriga-nos a passar pela experiência de forma violenta, a velar pelo que não se sabe explicar, a engasgar com o que não foi dito e a paralisar com o que não foi feito em relação à pessoa que partiu. O suicídio interrompe planos de ações que gostaríamos de executar e, infelizmente, é um cenário que pode enfraquecer, de forma trágica, nosso jeito de ser.

Fluxograma da pessoa em processo de luto por suicídio

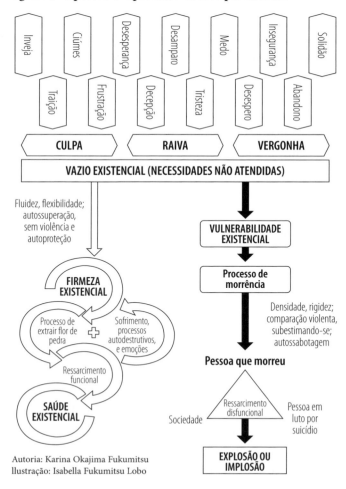

Autoria: Karina Okajima Fukumitsu
Ilustração: Isabella Fukumitsu Lobo

"Dor sem nome" — como disse uma irmã enlutada por suicídio —, a morte representa o finalizar de uma continuidade. A ausência do nome se dá devido à intensa dor causada pela confusão dos sentimentos, cuja trajetória é similar à de uma montanha-russa — com altos e baixos, sem direito a pausas para retomar o fôlego. (Fukumitsu, 2019c, p. 49)

Em capítulos anteriores, dispensei maior atenção à vergonha, à raiva e à culpa, vistas por mim como a tríade das emoções que perfazem o "bombardeio" da especificidade do luto por suicídio. Contudo, ao considerarmos outros sentimentos — medo, desamparo, insegurança, traição, inveja, desesperança, tristeza, decepção, solidão, desespero, frustração, abandono, ciúmes etc. —, podemos compreender que trata-se de emoções que geram na pessoa em luto por suicídio a sensação de que há intensos ataques. Por esse motivo, na ilustração do fluxograma, indiquei-os como se fossem pontas de lanças que nos fazem sair do prumo.

Os ataques promovem a descentralização da pessoa, lançando-a no vazio existencial. Esse vazio, por sua vez, poderá ser sentido como o lugar da insatisfação das necessidades, pois quem se matou não deu o direito de despedida nem questionou como ficaríamos após sua morte. Sendo assim, fica claro que, quando um suicídio acontece, a satisfação de necessidades de segurança é imediatamente frustrada. Além disso, o ceticismo e a sensação de falta de controle da situação provocam na pessoa enlutada a crença de que não há mais nada a fazer, sobretudo em relação ao seu sofrimento e à satisfação de suas necessidades. Faz-se necessário, portanto, discutir o significado dos vazios, conforme apontado por Van Dusen (1977, p. 125, grifo nosso):

Primeiro, o que são os vazios? Eles são qualquer tipo de defeito: ausência, falta de memória, falta de concentração ou falta de significado. [...] No vazio, perde-se momentaneamente a identidade, o "eu". O que se pretendia é esquecido. O que deveria ser dito não é lembrado. Quando se tenta traçar o caminho de volta para onde se estava há um momento, a trilha já foi perdida. *As pessoas sentem-se apanhadas à deriva, fora de controle e fracas.*

[...] É extremamente importante saber o que as pessoas fazem quando estão diante do vazio invasor. Muitos falam para preencher o espaço.

Cair no vazio significa passar por crise existencial. Para Bromberg (1996, p. 104), o luto pode ser compreendido como "uma crise porque ocorre um desequilíbrio entre a qualidade de ajustamento necessário de uma única vez e os recursos imediatamente disponíveis para lidar com eles".

Estar em crise aguça a raiva. Como dito em capítulo anterior, segundo Rosenberg (2019), a raiva é a emoção que revela que não pudemos satisfazer nossas necessidades. Fontenelle (2008, p. 155) afirma:

A raiva funciona como disfarce para substituir uma gama de sentimentos negativos. O mais comum é direcioná-la a quem se matou, porque ao mesmo tempo que sentimos pena e tristeza em relação a quem morreu, o que dizer daquele que tirou a vida dessa mesma pessoa? É desse indivíduo que sentimos raiva. Choramos por quem se foi e temos raiva da pessoa que provocou a morte.

É importante ressaltar que, diferentemente do que a autora menciona, acredito que nem todas as pessoas em luto por suicídio se dão o direito de endereçar a raiva para aquele que morreu. Então, no lugar do direcionamento da energia agressiva para fora, ficará um imenso vazio com o qual nem sempre é fácil lidar.

O acúmulo de vários sentimentos conturbados provoca a sensação de que as necessidades não serão atendidas e, até como um instinto de sobrevivência, a pessoa desejará preencher o vazio incessantemente. Sem a plena atenção às reais necessidades, pode ter início o processo de morrência (Fukumitsu, 2020, p. 149-150):

> Criei o termo Processo de Morrência para me referir ao processo do sentimento do "definhar existencial" que acontece *gradualmente*. A palavra "gradualmente" foi realçada […] porque meu intuito é o de elucidar que o processo de morrência exibe uma complexidade de comportamentos autodestrutivos que, de maneira gradativa, provocam o esvaziamento de quem somos.
>
> "Morrência" é um termo que não encontrei no dicionário da Língua Portuguesa, mas é a palavra que mais se aproxima para desvelar o sentido que desejo dar ao processo que ocorre quando há fragmentações em nosso existir.

A pessoa em luto por suicídio inicia o processo de definhar existencialmente, pois acredita que já não tem forças para ser mais responsável pela própria vida e, por mais que saiba que deveria lidar com o caos, irremediavelmente surge a fragmentação de si, e o suicídio será o ápice desse processo de intenso sofrimento. Sentindo-se em "situação de golpe", tendo sido pega desprevenida com a morte do outro, o processo de luto — que já é dolorido — torna-se penoso, causando raiva, conforme depoimentos das enlutadas:

> Modificou tudo na minha vida. Tudo. Mudou com certeza. Modificou a nossa vida, porque não teve só essa repercussão emocional, teve repercussão profissional, repercussão na vida de casal entre meu marido e eu. Repercussão emocional bastante forte

também, porque, enfim, você vivenciar uma experiência dessas é um pesadelo. Desde o início, o primeiro sentimento ruim — isso foi a culpa e a vergonha, junto com a raiva, mas a raiva vem crescendo. Não sei se é porque os meus problemas com meu marido não se resolveram que essa raiva não passa. Eu até falei para minha cunhada que não sei se um dia eu vou superar isso, porque eu ainda tenho um sentimento de culpa e de muita raiva da minha sogra. (Enlutada pelo suicídio da sogra)

Se matar é uma coisa muito brusca. Muito agressiva. É um impacto muito forte. Poxa, depois dessa história toda dele [irmão], ele fazer isso? Eu nunca pensei que eu fosse ver. Esses dias, anotei na minha agenda uma frase boba: "Os meus olhos viram uma coisa que jamais pensei que fosse ver". Eu jamais pensei que eu fosse ver. A cena de uma pessoa enforcada. Mesmo que não fosse o meu irmão, é uma coisa muito forte. Uma coisa muito agressiva, uma coisa muito difícil. E ainda foi o teu irmão? (Enlutada pelo suicídio do irmão)

Como mencionado, os sentimentos de raiva, culpa e vergonha pesam no vazio existencial, e tudo o que não foi direcionado para o morto ficará como herança para a pessoa em luto por suicídio. Todo sentimento que não encontra hospitalidade deslocará a pessoa para a constatação da falta, que se torna insuportável.

A confusão entre o sentir e o fazer rumam para direções diferentes.

Quando nos sentimos vidraças frente às pedras atiradas pelas acusações de outros, colocamo-nos nos lugares de abuso, calando--nos, silenciando as necessidades e tolerando a atordoante ideia de que será preciso pagar a dívida de tudo o que nos aconteceu de ruim. Consequentemente, os estilhaços promovem ceticismo e insegurança na maneira de conduzir a vida e de enfrentar os obstáculos.

Sintetizando: vimos que a culpa é transformada em potência de ideias e faz que a pessoa em luto acredite que poderia ter mudado o desfecho da situação do suicídio. Também abordei o sentimento de raiva, que, quando não é permitido, vem em forma de culpa novamente. Sendo assim, o círculo vicioso de raiva, culpa e vergonha, entre outros sentimentos, promoverá a insatisfação da necessidade, que não receberá a fluidez necessária para que a energia agressiva seja expulsa; e o vazio existencial clamará pelo preenchimento. Perceba, querido(a) leitor(a), que a conta não fecha nunca.

Em contrapartida, para que o fluxo de energia agressiva possa se tornar mais fluido, será preciso endereçar a energia para a satisfação das próprias necessidades. Porém, nem sempre conseguimos a concentração necessária para lidar com a satisfação total de nossas necessidades e, como a vida não é do jeito que a gente quer, tendemos a nos impedir de finalizar as situações, conforme salienta Tobin (1977, p. 163):

> Como as pessoas impedem a si mesmas de finalizar situações? Primeiro, a grande maioria de pessoas começa na infância a suprimir emoções dolorosas e irresistíveis; através do retesamento crônico de sua musculatura lisa e estriada e inibindo a respiração. Isto resulta num amortecimento parcial dos seus corpos e quando se tornam adultos sua consciência sensorial dos mesmos é limitada. [...] Mesmo que se conscientizem de suas emoções, eles são capazes de reprimi-las; suas mentes lhes dizem que não devem ficar bravos, não devem expressar o amor, não devem sentir tristeza. Então, desligam as mensagens que seus corpos lhes mandam e a excitação emocional se transforma em dor física, tensão e ansiedade.

As necessidades não atendidas geram emoções que poderão despertar tanto o nosso melhor quanto o nosso pior. Aliás, a vida é assim, apresentará sombra e luz o tempo todo. A meta é a integração dos momentos de escuridão e de clareza existenciais. É a partir do vazio, o local fértil, que a integração pode acontecer.

5.1 O CAMINHO DO VAZIO EXISTENCIAL PARA A VULNERABILIDADE

O rumo disfuncional da energia agressiva fará que a pessoa padeça a vulnerabilidade existencial. Vulnerabilidade significa: "1. Que pode ser vulnerado. 2. *Diz-se do ponto pelo qual alguém ou algo pode ser atacado ou ofendido.*" (Vulnerabilidade, 2008, p. 920, grifo nosso).

A pessoa que se encontra vulnerável está ferida e, por isso, não mais se afirma, mas exclama e clama constantemente por reconhecimento. Seu discurso normalmente é parecido com a frase: "Como sou insuficiente e sem importância!"

Quem não tem o privilégio de se reassumir e cuidar de suas necessidades vive em constante estado de tensão. Esse processo enfadonho representará seu calcanhar de Aquiles. Acredito que não temos o direito de julgar quem foge ou paralisa diante do sofrimento, pois são maneiras de enfrentamento. Faço minhas as palavras de Perls (1973/1988, p. 35): "[...] nem todo contato é saudável, nem toda fuga é doentia". Contudo, percebo que a inospitalidade das emoções favorece o afastamento, o isolamento e o silenciamento que surgem como estratégias de enfrentamento, com o intuito de que o ser humano se sinta sob o "controle fantasioso do sofrimento". Saliento minha preocupação com as estratégias de enfrentamento que se tornam *constantes, crônicas e frequentes*, principalmente em pessoas em luto por suicídio, pois tais estratégias poderão ser "navalhas" para a apropriação de quem se é. Enfatizei "constantes, crônicas e frequentes" por acreditar que toda estratégia que não é inovada se torna ineficaz depois de certo tempo.

Tais formas de enfrentamento (afastamento, isolamento e silenciamento) significam processos que culminam no que nomeei ressarcimento disfuncional. Em contrapartida, existe o caminho divergente ao de explodir ou implodir. Em vez de alienar suas necessidades, a pessoa em luto por suicídio aprende a se reassumir, e a indagação servirá como mola propulsora para a reconciliação de si, reafirmando: "Não cometi pecado nem crime, não tenho mais a pagar além do meu próprio sofrimento". Esse é o processo que denominei *firmeza existencial*.

5.2 O CAMINHO DO VAZIO EXISTENCIAL PARA A FIRMEZA

> *Eu adotava uma abordagem calma e suave,*
> *insistindo para que lidássemos com um problema*
> *de cada vez, mantendo essa atitude de calma*
> *e de cuidado ao mesmo tempo, permitindo que o*
> *enlutado escolhesse por onde queria seguir. Com*
> *isso, era geralmente possível construir um lugar*
> *seguro no qual o enlutado podia gradualmente*
> *começar o processo de rever e reconstruir sua vida.*
> (Parkes, 1998, p. 162)

A firmeza existencial se encontra no amar além da dor, e esse é o trabalho da posvenção.

A pessoa em luto por suicídio, que deseja conquistar a firmeza existencial, deve fazer uso de fluidez, flexibilidade, autossuperação e autoproteção com o intuito de desenvolver novos hábitos. Será preciso aprender a ousar e a fazer diferente. Para tanto, será preciso considerar a ideia que Erving Polster proferiu para mim quando participei de seu *workshop*[5]: "A primeira vez é acidente; a segunda vez é coincidência e a terceira vez vira hábito".

A abordagem da Gestalt-terapia, que recebeu a influência do pensamento oriental em seu constructo epistemológico, acredita que o vazio existencial é fértil, e não niilista, de acordo com grande parte da cultura ocidental:

> No Ocidente o mundo é preenchido com objetos. Espaço vazio é desperdício, a não ser que seja preenchido com ação. Isto contrasta notadamente com a pintura oriental, por exemplo, onde o espaço vazio é o centro criativo e dá peso ao resto da pintura. Sutilmente, a cultura ocidental ensina a temer e evitar o vazio e a preencher o espaço, tanto quanto é possível, com ação e com objetos. Ou então deixamos a ação dos objetos (carros, TV) preencher o nosso espaço. No Oriente, o vazio pode ter máximo valor em si mesmo. Pode-se confiar nele. Ele pode ser produtivo, O *Tao Te Ching* comenta que com 30 paus se faz uma roda, mas só no vazio de seu centro está sua utilidade. Paredes e portas formam uma casa, mas somente no vazio entre elas é que está sua capacidade. (Van Dusen, 1977, p. 126)

No sentido mencionado acima, todos os sentimentos deveriam ser vistos como indicadores da dor e, por consequência, são mensageiros de nossas necessidades não atendidas. Concomitantemente, é engano pensarmos que todos os sentimentos e necessidades são iguais e que sofremos da mesma maneira.

De forma singular, será preciso adotar plena atenção em nossos atos para não cairmos na autodestrutividade.

---

5. *Workshop* organizado em 2004 pelo Centro de Gestalt-Terapia Sandra Salomão, no qual tive o privilégio de ser trabalhada por ele, em meu luto gestacional.

Ando pela rua. Há um buraco fundo na calçada. Eu caio... Estou perdido... sem esperança. Não é culpa minha. Leva uma eternidade para encontrar a saída.

Ando pela mesma rua. Há um buraco fundo na calçada. Mas finjo não vê-lo. Caio nele de novo. Não posso acreditar que estou no mesmo lugar. Mas não é culpa minha. Ainda assim leva um tempão para sair.

Ando pela mesma rua. Há um buraco fundo na calçada. Vejo que ele ali está. Ainda assim caio... é um hábito. Meus olhos se abrem. Sei onde estou. É minha culpa. Saio imediatamente.

Ando pela mesma rua. Há um buraco fundo na calçada. Dou a volta.

Ando por outra rua. (Rinpoche, 2014. p. 55)

Por esse motivo, o texto acima é novamente convite da vida para que nos atentemos às nossas necessidades. Para não ficarmos reféns do abuso e do assédio, precisaremos de estratégias de autorregulação: fazer-se de desentendido, tentar agradar as pessoas, amadurecer aliança com quem de fato o(a) ajudará a elaborar estratégias de enfrentamento. E, como foi dito, a palavra "crise" também pode ser compreendida como oportunidade para mudar a rota de nossa vida.

A firmeza existencial é um processo estabelecido por meio de novos hábitos. Para tanto, será preciso ousar e fazer diferente. Como nos ensina a célebre frase: "Insanidade é esperar resultados diferentes fazendo sempre as mesmas coisas" (autor desconhecido).

6. Ressarcimentos

LEMBRO-ME DE UMA PESSOA enlutada, no velório, pedindo desculpas a todos em virtude do suicídio do marido.

Chamou minha atenção o fato de a viúva pedir desculpas pelo impacto que o suicídio do marido causou nas pessoas que estavam tentando confortá-la. Ela parecia se sentir endividada pelo ato do marido. Quando me aproximei dela, ela me abraçou fortemente, pedindo desculpas para mim também. Ao corresponder ao abraço dela, sussurrei no seu ouvido: "A dívida que imagina que tem para com as pessoas que vieram confortar você, inclusive eu, já foi paga com todo o seu sofrimento, durante a sua convivência com ele, que sei que foi difícil, e com a tormenta de sentimentos que você está vivendo".

A viúva desabou a chorar e disse: "Sinto muita vergonha por ele ter se matado e eu não ter percebido nada. *Eu deveria ter visto que ele não estava bem*".

São inúmeras as histórias que acompanho que, no momento do suicídio, lançam a pessoa no território de puro desconhecimento e de muito sofrimento. O suicídio não permite mais o cuidar, o acompanhar, o estar junto concretamente com a pessoa amada, e faz de toda a experiência conturbada uma vivência que promove a necessidade de reparação de danos, de reorganização daquilo que o caos bagunçou, levando a um sentimento de inadequação que, por sua vez, causa a desapropriação dos lugares de pertencimento. Nesse sentido, identifico nos enlutados uma necessidade em comum, que intitulei "ressarcimento".

Quando um suicídio de alguém que se ama acontece, a tristeza, o torpor e a sensação de impotência nos invadem. O sofrimento, que nos leva a sentir que nada fizemos, precisa ser transformado em ações de amor e de fé, em pedido de continuidade para nosso bem-estar e conforto emocional. Como Parkes (1998, p. 123-124) salienta: "Quando a perda foi repentina, grande e impingida à atenção do enlutado, são usadas palavras relacionadas a mutilação e violência".

No processo de luto, busca-se um sentido em uma trajetória que iniciou o caos atormentador da falta de compreensão. A imprevisível morte pelo suicídio de alguém amado causa instabilidade, culpa e a falsa sensação de que poderíamos ter mudado o que foi imutável; assim, surge a necessidade de ressarcimento. Em outras palavras, o ressarcimento é o *acting-out* da pessoa em luto para tentar se equilibrar do *acting-out* da pessoa que se matou. Portanto, é uma das possibilidades que a pessoa em luto por suicídio encontra para transformar o ressentimento de não ter feito algo por quem partiu, fazendo em demasia por aqueles que ficaram. Ou seja, transformando a dor em ação, ela tem a possibilidade de acolher a própria dor e sentir que pode fazer algo por si e pela humanidade.

Se a pessoa que se matou tivesse avisado sobre seu momento de partida, a pessoa enlutada poderia ter movido mundos e fundos para modificar o acontecimento trágico e, nesse sentido, provavelmente teria conseguido agir em prol de lhe assegurar a vida.

A primeira reação à notícia do suicídio de alguém é começar a fazer coisas, contatar seus conhecidos, envolver-se com todos os símbolos tranquilizadores penosos da morte. Ouvimos sua música favorita, lemos seus livros favoritos; desenterramos suas cartas. Escrevemos sobre ele; em nossa cabeça, escrevemos para ele. *Tentamos fazer tudo que não fazíamos tanto assim quando ele era vivo, como se só fôssemos capazes de agir por amor quando ele acaba.* (Salomon, 2018, p. 23, grifo nosso)

Ao contrário do que diz o autor da citação, acredito que o amor nunca acaba, porque morte nenhuma retira o amor construído entre quem ficou e quem partiu. Porém, considero a frase acima importante, pois diz respeito ao ressarcimento. Quando Salomon escreve "Tentamos fazer tudo que não fazíamos tanto assim quando ele era vivo, como se só fôssemos capazes de agir por amor quando ele acaba" destaca o agir, o fazer, como forma de contrabalancear a desorganização provocada pelo suicídio de quem amamos. Nesse sentido, o ressarcimento é a assistência, a tentativa de lidar com o sofrimento fazendo e ajustando-se criativamente.

A depender dos rumos da energia agressiva que a pessoa em luto por suicídio adotará, esta pode resultar em autodestruição ou em resgate da saúde existencial, configurando, assim, o ressarcimento disfuncional ou funcional.

6.1 RESSARCIMENTO DISFUNCIONAL: DO PROCESSO DE MORRÊNCIA PARA A EXPLOSÃO OU A IMPLOSÃO

No filme *Um ninho para dois* (2021), existe um diálogo potente entre o psiquiatra Larry e uma mãe enlutada, que justificava a tentativa de suicídio do marido:

— Ele queria dormir e não acordar mais, como Katie [a filha que morreu] — diz a mãe enlutada e esposa da pessoa que tentou o suicídio.
— Você deve ter sentido raiva — disse o psiquiatra.

— Não fiquei com raiva. Ele [o marido] ficou deprimido. Tinha motivos para ficar.

O psiquiatra retruca:

— Você também, mas não tentou acabar com a sua vida e deixar seu marido para trás, sozinho. Você se culpa.

— Quem disse que foi culpa de alguém? — pergunta a mulher.

O psiquiatra responde:

— Eu disse. Não por ser certo ou errado, bom ou ruim. É o que fazemos. *Não suportamos a ideia de o trágico acontecer sem o menor motivo. As emoções têm de achar uma saída e sempre acham. Nós chutamos o gato ou cachorro. Envenenamos um pássaro. Ou, pior, nos autoflagelamos.* (Um ninho para dois, 2021, grifo nosso)

O autoflagelo mencionado é o que compreendo como ressarcimento disfuncional. É tormenta que se origina na trajetória pela qual a vítima se torna o algoz das tragédias. As frases acima destacadas auxiliam na compreensão de que a culpa surge como tentativa de controlar o incontrolável e o inexplicável. É a impotência que deseja ser camuflada pela crença onipotente de que seríamos capazes de modificar tudo, conforme nossas ações. Nessa direção, a pessoa em luto com ressarcimento disfuncional se coloca a serviço de ter de "pagar", punindo-se, adoecendo e "indenizando" a todos os envolvidos, por meio de seu comportamento autodestrutivo.

Essa forma de ressarcimento é evidenciada pela criação de relacionamentos disfuncionais e pela cumplicidade na toxicidade e na manutenção de relações destrutivas. O resultado é o silenciamento dos incômodos, o afastamento que promove o isolamento e prejudica o desenvolvimento de uma blindagem existencial.

O caminho que a pessoa percorre em ressarcimento disfuncional é o da "fazeção", pela qual a canalização da energia agressiva é enveredada para satisfazer apenas as necessidades dos outros em detrimento das suas, perdendo a oportunidade de se cuidar e, em consequência, apresentando ações permeadas de exagero e *acting-out*.

A pessoa enlutada não se autoriza a descansar e a baixar a guarda, mantém uma régua alta de exigências e cria demandas perfeccionistas. Dessa forma, o processo se torna mais ansiogênico, pois o ponto a ser atingido é o controle do futuro, para não sofrer novamente o que foi vivido no passado. Nesse sentido, todo processo autodestrutivo incidirá na corporeidade, pois o corpo será o canal de comunicação para as emoções e os pensamentos conturbados. Há de se pontuar a desconexão entre a dimensão mental e a corporal da pessoa em luto por suicídio, sendo comuns os adoecimentos pelos quais seu corpo apresenta declínio, chegando à falência da qualidade de vida. Sendo assim, a comunicação da pessoa em luto por suicídio, em fase de ressarcimento disfuncional, acontecerá por meio de sintomas, ansiedade e adoecimentos, havendo, portanto, a explosão em forma de uma complexidade de processos autodestrutivos ou a implosão representada pelo suicídio.

Lembro-me de uma família que acompanhei, após o suicídio do avô, renomado prefeito de uma cidade muito pequena. Durante muito tempo, o suicídio foi visto como uma mácula na cidade. O processo reparatório da família era claramente percebido em nossas sessões de posvenção. Alguns familiares tinham a crença de que deveriam "limpar a mancha do erro que o avô causou por ter se matado", para "honrar a imagem dele", e patrocinavam todos os eventos da cidade, além de sentir que eram obrigados a aceitar todas as propostas das novas prefeituras.

Certo dia, compartilhei com a família a concepção que tenho a respeito do erro. Acredito que o erro acontece apenas quando nos damos conta de que nos machucamos ou de que estamos ferindo alguém. Em outras palavras, cometemos erros apenas quando temos a consciência da persistência do sofrimento, do nosso e do outro. Caso contrário, é tentativa e experimentação.

Ao escutar minha compreensão sobre erros, um dos netos disse: "Então, não erramos pelo suicídio do vovô. Eu nem era nascido e não tive a intenção de machucar ninguém, muito menos de me machucar".

A família inteira ficou emocionada e um instante de calmaria aconteceu naquele momento. A partir daí, a família se conscientizou de que, em vez de tentar "limpar a mancha" do suicídio do avô, precisaria realizar ações para enaltecer o que ele de fato tinha feito pela cidade da qual foi prefeito. A partir daí, o processo foi a rememoração dos feitos de seu avô como prefeito até o sentimento de orgulho da família por ele ter existido.

Outra faceta do ressarcimento disfuncional acontece quando a pessoa em luto por suicídio se culpa por se perceber feliz e em estado de humor diferente dos demais membros da família — que continuam tristes ou até mesmo doentes —, não se dando o direito de sorrir, de sentir prazer, por ter se afastado do comportamento já conhecido, porém disfuncional, porque acarreta sofrimento. É como se houvesse a crença de que não pode ter vida própria, impedindo-se de recomeçar. As amarras se encontram e pairam no enraizamento do sombrio e na crença de que o destino será o de permanecer no disfuncional. Segundo Fontenelle (2008, p. 147): "Outro gatilho para a culpa é quando, com o passar do tempo, você se vê bem, curtindo a vida e dando continuidade a seus planos. Aí se pega freando essa sensação, como se não tivesse direito de estar feliz quando alguém tão importante morreu de forma trágica". Esse fato, para mim, diz respeito ao ressarcimento disfuncional, que se torna, portanto, pedágio impagável: a recriminação dos próprios atos é constante e cíclica, pois a punição e o pagamento do "crime cometido" servem como expiação de culpa, fazendo que a fala da pessoa em luto por suicídio seja: "Ou pago pelo que não fiz, ou me afundo em processos autoagressivos, evitando tudo o que me faz bem, pois não me é permitido merecer o bem e o bom".

Enquanto, no ressarcimento disfuncional, a ideia é a de que "aqui usufruí da relação com a pessoa que se suicidou e serei eternamente responsável por limpar a toxicidade que ficou quando ela morreu", no ressarcimento funcional, a assertiva é "aqui se usou, aqui se limpou, e não ficarei encarregado eternamente por esta limpeza". Um exemplo é o que foi noticiado durante a Copa do Mundo de 2014: os japoneses, após assistirem os jogos nos estádios, uniram-se para limpar o local, para agradecer a experiência e reverenciar o lugar do qual usufruíram. Esse é o tipo de ressarcimento que considero funcional.

6.2 RESSARCIMENTO FUNCIONAL: DO PROCESSO DE EXTRAIR FLOR DE PEDRA PARA A SAÚDE EXISTENCIAL

No ressarcimento funcional, a pessoa enlutada por suicídio adota rumos diferentes de seus familiares e ressignifica sua vida, conquistando funcionalidade e salubridade. O intuito é o de ser instrumento para a criação de sentidos para si e para outros, promovendo ações em prol da saúde existencial.

> É na dor e no prazer que eu me reconheço. Algumas pessoas vivem somente com a primeira premissa. Precisamos saber nossos pontos fracos e qual é a morada da nossa fragilidade, ou seja, sabendo onde as pessoas me machucam, sei onde devo me proteger e, portanto, delinear mais minha fronteira de contato. (Fukumitsu, 2019d, p. 84)

Costumo dizer que, no luto, a gente não usa maquiagem. De fato. Não é possível usar maquiagem, ou tudo ficaria borrado e mais confuso. *No luto, não parecemos ser. Apenas somos.* Tudo fica diferente e, ao mesmo tempo, tudo fica igual.

Para mim, ressarcimento funcional é exemplo de como extrair flor de pedra, como explicado em capítulo anterior, transformando a dor em amor e o desconhecido em conhecimento. Assumindo-se em sua condição de ser, apesar de seu sofrimento, sem precisar performar, a pessoa em luto por suicídio utilizará de seus ajustamentos criativos, respeitando seus valores e convicções, e caminhará em direção ao seu desenvolvimento, criando oportunidades para que as novidades possam surgir. Dessa forma, o ressarcimento funcional é merecimento e manutenção de novos hábitos. Por meio destes, a pessoa aprende a desconstruir introjeções, que são afirmações prontas e crenças enrijecidas, bem como dar-se a chance de apreciar as diferenças, inclusive as suas. Portanto, no ressarcimento funcional, o principal direito é o de mudar, acompanhando as mudanças em si e no entorno e conquistando firmeza existencial para a manutenção dos novos hábitos.

6.2.1 RESSARCIMENTO FUNCIONAL VOLTADO PARA A SOCIEDADE

Uma das minhas premissas é a de que nenhum ser humano gosta de ficar na escuridão, vivendo em sofrimento. Aquele que passa pela experiência de um tsunâmi existencial, como a perda de um ente querido por suicídio, perde a fé na semeadura, no cultivo e na colheita. Em paralelo, a coisa mais bela que percebo no acompanhamento das pessoas em processo de luto por suicídio é que, pouco a pouco, elas começam a se respeitar em seu tempo e em sua condição singular de realizar suas travessias, permitindo-se sentir o que sentem, sem se apressarem para sair de seu sofrimento. Nesse sentido, a potência de uma pessoa em luto por suicídio se encontra no estado de efemeridade do sofrimento, até que ela possa chegar ao momento em que dirá: "Consigo compreender que preciso tocar minha vida adiante e sei que minha vida continua, apesar da morte dessa pessoa".

Outro tipo de ressarcimento funcional são as ações que fazemos para homenagear as pessoas que partiram. Esse é o meu caso. Quando minha mãe morreu, prometi que acenderia uma vela por dia e que manteria uma luz para que ela não sentisse medo em momentos de escuridão. Não se trata de delírio, pois sei que ela morreu e que já não sente medo em momentos de escuridão, pois acredito que está envolvida em luz e se encontra em paz. Porém, por meio do ritual diário de acender uma vela, cuido das saudades e de todo o nosso amor e, ao mesmo tempo, cuido de mim. Outra chama acesa com a qual assumi compromisso se reflete em meu envolvimento com a suicidologia e minha dedicação para ajudar a desenvolver um campo de conhecimento novo, solidificando a suicidologia brasileira. Assim, comprometendo-me com o cuidar diário, coloco-me como instrumento de mudanças e de atitudes direcionadas a mim e à sociedade e abro as clareiras do processo de mudança individual e social.

Compartilho um dos ressarcimentos funcionais mais lindos que tenho o privilégio de acompanhar. A iniciativa é de minha "mãinha" Elisabeth Andrade, esposa do meu "painho" Maurici Andrade, quem tive o privilégio de conhecer em um dos cursos que ministrei no Instituto Sedes Sapientiae ("Suicídio e luto: uma tarefa da posvenção"). Desde então, tenho a honra de ter sido "adotada" espiritualmente pelo casal, que, em 2017, viveu a partida de seu filho Bruno por suicídio.

Mãinha costura afetos, fazendo "naninhas da memória" e "naninhas amigas". Utiliza da ideia original de Mary Macinnes, estudante de tecnologia da moda em Edimburgo, Escócia. O primeiro pedido de uma "naninha da memória" foi de Totolinha Costa, com uma roupa do filho dela: era uma cueca, única peça que ela tinha guardado. Assim nasceu A Marca dos Sonhos (@amarcadossonhos).

No texto a seguir, que recebi de Beth, ela explica como é seu ritual para fazer cada "naninha"[6]:

A cada contato que recebo pedindo naninhas, explico amorosamente:

Você escolhe uma peça de roupa, que chamo de tecido afetivo. Envia para minha casa.

Quando recebo o tecido afetivo, tenho meu ritual: peço licença ao dono da roupa e explico como vou trabalhar com ela. Converso com os bons espíritos, com os anjos, pedindo para envolver os familiares com as luzes do amor, da paz, da serenidade e da aceitação. Peço também que o ente querido esteja envolvido pelas energias do bem. E então, com muito respeito, começo a transformar o tecido afetivo numa "naninha da memória".

Essa "naninha" carrega com ela uma história de vida, de lembranças, de sonhos e boas energias. Ela acalenta nossa saudade, ela troca abraço, ela aconchega. [...]

As "naninhas da memória afetiva" dão forma aos nossos sentimentos, elas trazem nossas memórias para o plano concreto.

Mas também estou trabalhando as "naninhas amigas", que vão ajudar a escrever novas histórias de bebês recém-nascidos, que serão companheiras das crianças e dos *pets*, e confidentes dos idosos nos momentos de reflexão.

Estou trilhando um caminho novo, que traz bálsamo para minha alma.

---

6. Beth Mammoli pediu que eu gravasse um vídeo para divulgar este lindo projeto: https://youtu.be/4ZgiEh7zjQ0

Agradeço muito a oportunidade que me foi dada e desejo, com muito respeito, ética e amor, servir de instrumento para levar conforto para as pessoas através do meu trabalho.

Beth Mammoli
27 de setembro de 2020

Atitudes como essa me emocionam e me fazem pensar que há pessoas que sobrevivem à travessia do luto, extraindo flor de pedra e inspirando mais pessoas a continuarem suas travessias.

6.2.2 RESSARCIMENTO FUNCIONAL VOLTADO PARA SI

O ressarcimento funcional segue a analogia da máscara de oxigênio que propus no livro *Programa RAISE*:

> [...] compreendi o estresse do enlutado, que, além de ter de cuidar de si mesmo, sente-se na obrigação de direcionar sua atenção aos demais membros de sua família, pois tem preocupação com o sofrimento de outros. [...] Justifico a sequência da ordem das pessoas beneficiadas pelo RAISE, pois a instrução que recebemos dentro do avião, em relação ao uso da máscara de oxigênio, é para que primeiro o adulto (ou responsável) coloque a máscara em si e, depois, nos demais em vulnerabilidade. É preciso fortalecer primeiro quem lidera, para que se torne um farol que guiará outros durante a escuridão. Nesse sentido, acredito que é cuidando de nós mesmos que podemos cuidar do outro. Portanto, a sequência de trabalhos é iniciada pelos mantenedores, diretores, coordenadores, professores e funcionários, e, depois, com os pais e com o corpo discente. (Fukumitsu, 2019a, p. 74-75)

Cabe salientar que o ressarcimento funcional apontado aqui, neste estudo, traz uma conotação esperançosa — e não culpabilizante — de que a pessoa enlutada transforma sua dor em amor pelo outro e pela causa à qual se propõe a despender seus esforços. Assim, o pensamento mágico de que as coisas poderiam ter sido diferentes, se tivesse havido intervenção da pessoa em luto por suicídio, é ressignificado quando essa pessoa pode falar: "Eu fiz o melhor que pude naquela situação para aquela pessoa e, *atualmente, faço meu melhor para mim, porque preciso resgatar minha saúde existencial*".

No texto "A necessidade é mãe da invenção", Koichi Kimura (2014) comenta uma cena de *Os três reinos*, de Yoshikawa Eiji, em que Ma Chao, um bravo general de Liang Ocidental, estava cercado pelo exército inimigo. As flechas inimigas não cessavam, e seus soldados tombavam um após outro. O general, no entanto, continuava lutando bravamente. A certa altura, ferido em várias partes do corpo, pensou que aquele fosse seu fim, mas logo afastou tal pensamento:

"Jamais! Que desistir seja a morte." — e colocou-se em pé. Pouco depois, apareceram reforços. Ma Chao salvara-se.

Yoshikawa Eiji escreve: "*Ao remeter a frase 'Não há esperança' ao coração, desencadeia-se o fim*". Tivesse Ma Chao sucumbido ao pessimismo, não serviria a Liu Bei nem prestaria notáveis serviços ao famoso general Wu Hu, de Shu.

Converter situações desesperadoras em recomeço ou fim é algo que depende unicamente de nós. (Kimura, 2014, p. 17, grifo nosso)

Não se trata de positivismo tóxico, nem de subestimar toda a montanha-russa que um suicídio provoca naquele que é impactado, e sim de não subestimar a potência que uma pessoa enlutada adquire quando é lançada em situação de muita dor e desespero. Nesse sentido, todos os sentimentos, quando utilizados a nosso favor, podem ser transformados em amorosidade, assertividade e generosidade para conosco e para o desenvolvimento da saúde existencial.

Ibsen de Godoy, enlutado pelos suicídios do irmão e do filho, tornou-se integrante da equipe do Grupo Transformador em Amor e, no dia 27 de setembro de 2022, disse uma frase que tocou meu coração: "Cada vez que eu penso no sorriso dele [meu filho], meu coração fica quentinho". "Sentir o coração quentinho" por meio das lembranças é ressarcimento funcional.

Cuidar da saúde existencial equivale a não mais tolerar os abusos diários da frieza de algumas pessoas insensíveis. Nesse sentido, há a possibilidade de escolhermos ou de renunciarmos à forma como desejamos caminhar a partir do intenso desconforto com o objetivo de "manter nosso coração quentinho".

> O funcionamento saudável traduz um funcionamento criativo, incluindo a possibilidade de estar com o novo como novo, assimilando o que é nutritivo, lidando com o diferente e rejeitando o que é tóxico. [...] O objetivo de um funcionamento livre não é o de se afastar dos obstáculos ou paralisar-se com as dificuldades, mas, sim, o de elaborar a maneira como olhamos, percebemos e lidamos com tal problema, procurando uma maneira mais confortável e satisfatória para conviver com as dificuldades e as facilidades. Os problemas precisam ser assumidos como parte da nossa existência, como parte de nossa totalidade e de nossa singularidade. (Fukumitsu, 2019d, p. 68-70)

Ouço frequentemente que as pessoas em luto por suicídio sentem que não fizeram as escolhas corretas. Penso que faz parte do humano ansiar sempre pelos acertos. No entanto, exigir-se em demasia é muito cruel.

Somos limitados como seres humano e simples mortais e fazemos aquilo que podemos. Dessa forma, quanto maior for o grau de rigidez, previsibilidade e eficiência ("fazer a coisa acontecer", apesar das adversidades) na história da pessoa enlutada por suicídio, maior a dificuldade no trabalho com ela. Explico. Dificilmente a pessoa que aprendeu a ser autossuficiente e altruísta é hábil em redirecionar para si tudo o que promove para os outros. Nesse quesito, faço minhas as palavras de Cury (2014, p. 27), que afirma: "Cuidar dos outros sequestra meu tempo. Os altruístas pagam um preço mais caro".

Nessa direção, são quatro os aspectos que focalizo no trabalho para a saúde existencial da pessoa em luto por suicídio: o autoperdão, a autocompaixão, a autogenerosidade e o autocuidado. O trabalho subsequente à etapa do fortalecimento desses quatro aspectos é o de educação das dores. Como educar as nossas dores, aceitando a realidade tal como ela se apresenta, e redimensionar o sofrimento, acolhendo-se. Afinal, o "acolhimento é o que sedimenta o solo que foi fragmentado pela dor" (Fukumitsu, 2019a, p. 17).

Confundimos a impotência que sentimos com o que podemos fazer apesar da impotência. É preciso discernir entre as emoções e as ações e reações. Em outras palavras, sentir é diferente de agir. Todas as emoções e sentimentos se apresentam de forma misturada às nossas condutas.

Tudo o que sentimos e pensamos deve ser respeitado. Porém, percebo que muitas pessoas acabam se identificando com as emoções e fazem delas paradeiro e território. Não entendem que emoções são apenas estados efêmeros e transitórios. Sendo assim, o sofrimento emerge justamente nesse momento que existe a confusão entre *aquilo que sinto* e *a direção tomada*. Normalmente, quando nos identificamos com nossas emoções, adotamos direções impulsivas, por exemplo, se sinto raiva e me torno a raiva, identificando-me com essa emoção, atuo em agressividade e direciono minhas ações para atitudes impulsivas que resultam em situações drásticas. Dessa forma, *sentir* não significa necessariamente *atuar*. (Fukumitsu, 2022a, p. 36)

Quando a pessoa em luto por suicídio entende que o suicídio não tem nada a ver com ela, mas sim com a pessoa que se matou, ela está pronta para compreender a ideia a seguir:

Você não precisa pagar mais nada, porque quem se matou não partiu por sua causa. O suicídio foi um ato único e exclusivo da pessoa que partiu. Com seu sofrimento, você ressarciu as pessoas à sua volta pelo que aconteceu. Então, a dívida que você acha que tinha e que carrega é uma coisa que você criou para sentir que tinha de fazer algo que nem a pessoa deixaria.

E, assim, a outra margem se aproxima.

7. E qual é a outra margem?

> *O organismo se afasta de dores reais. O neurótico se afasta de dores imaginárias e de emoções desagradáveis. Também evita assumir riscos razoáveis. As duas atitudes interferem com qualquer possibilidade de amadurecimento.*
> (Perls, 1977, p. 22-23)

Toda crise representa o risco e a percepção das limitações e restrições que outrora não vivíamos. A crise indica a separação — ou, jogando com as palavras, *separa da ação* conhecida.

Em crise existencial, somos obrigados a transformar a ferida que clama por cuidados. Quando nos sentimos atacados, agredidos, violentados e abusados, queremos nos livrar do ofensor; o grande problema, no caso do suicídio, é que o ofensor já está morto.

É uma trajetória difícil, que exige energia hercúlea para buscar nova modalidade de vida, muitas vezes com diferente rede de apoio e novos hábitos.

7.1 A OUTRA MARGEM

Fontenelle (2008, p. 89, grifo nosso) menciona a lembrança de sua relação com o pai:

> *A infância foi indiscutivelmente o período mais difícil,* pois é nessa época que buscamos referências nas quais possamos nos espelhar, e os pais são as figuras naturais, talvez por isso seja tão doloroso vê-los como o oposto. E era exatamente assim que enxergava meu

pai, *porque o que sentia por ele era uma mistura imponderável de amor e rejeição. A meu ver, ele era tudo que eu não queria ser.*

Assim como Fontenelle, tenho lembranças de uma infância e adolescência indiscutivelmente difíceis e, por isso, havia "mistura imponderável de amor e rejeição".

Lembro-me de que uma das falas recorrentes da minha mãe era que estava acostumada a sofrer. Perfeccionista e exigente, com si mesma e com todos, não admitia erros, próprios nem alheios. Relembro também minha indignação com a fala da minha mãe, de se acostumar com o sofrimento, e por esse motivo tomei o caminho oposto ao dela, fazendo da transgressão uma fonte libertadora para as minhas ações.

Transgredir significa ir além de agredir a nós mesmos e aos outros, e pressupõe não nos conformarmos com o que acontece conosco. Transgredir permite fazer do sofrimento uma aprendizagem de vida.

> Você não tem de se acostumar com o que não te faz bem. A escolha será sempre sua, portanto, ou você foge, ou paralisa ou enfrenta e se dá chances para seu processo de mudança iniciar. (Fukumitsu, 2022a, p. 61)

Ferreira (2010, p. 34) afirma que "o órfão é caminhante cujo trajeto só tem ida. Vive-se eternamente em alto-mar por falta de porto para se atracar. É ruim viver sem mãe — principalmente sem o adeus daquela que se matou". Tornar-me órfã foi uma aprendizagem sobre lidar com a falta concreta de estar à deriva. Precisar dar satisfações ou avisar quando chegava de alguma viagem, ou ficar constantemente preocupada pela inversão de papéis entre ser filha e cuidadora — tudo isso acabou quando minha mãe morreu.

Aos poucos, atualizei o meu luto e, durante a escrita da obra *Suicídio e luto — Histórias de filhos sobreviventes* e da minha tese de doutorado, no ano da morte dela (2013), percebi que estava migrando para a outra margem:

> Tenho me despedido de você, mãe, há muito tempo, e parece que sua hora de partir chegou. Na UTI, pela décima sexta vez [...], em decorrência de uma miocardiopatia de grau importante, percebo você muito fraca e debilitada. Será que, afinal, a proximidade da morte é real? [...] Coração grande demais para uma existência perdida e inexistência sentida.
>
> [...] Grande demais para quem se sente tão pequena. Você está sofrendo e diz se sentir quase morta no Dia dos Pais [...]. Talvez [eu] precise aprender a me despedir de você mãe-quase-pai. Mãe quase existência. Mãe totalmente minha mãe e a única mãe que tive e que aprendi a amar. (Fukumitsu, 2020, p. 48-49)

Ao reler essa atualização, a imagem mantida em minha cabeça é a de um coração enorme, enclausurado, sangrando muito e em chamas. Para mim, é a representação fidedigna do quanto minha mãe sofria e do quanto não quero repetir essa modalidade de enfrentamento ao me deparar com adversidades, problemas, frustrações e decepções. Poder se diferenciar das atitudes e do *modus operandi* da pessoa que partiu por suicídio é chegar na outra margem.

Quando sofri pela inflamação cerebral, tudo mudou em relação à minha necessidade de ser diferente de minha mãe. Dei-me conta de que minha vontade de me diferenciar dela, até pela minha necessidade de sobrevivência, causou distanciamento entre nós. Distanciei-me para que pudesse assumir minha vida. Percebi que o que não queria era viver a mesmice da vida dela, em processo de morrência. Além disso, constatei que tudo aquilo de que desejava me afastar era potência para eu me aproximar de quem sou. Nunca tive tanto orgulho de ser parecida com ela. *Afinal, sou filha de Yooko Okajima!*

Desde então, tenho assumido a tarefa de mantê-la viva em minhas ações, compromissos, crenças, convicções e jeito de ser. Minha história com ela me ensinou muito e me deu oportunidades para crescer na ausência e para desenvolver respostas diferentes das dela quando enfrento adversidades e problemas. Enquanto escrevo este trecho, sou tomada pela emoção e identifico o amor que ficou. Recordei a "nossa" música, "After all": "Well, here we are again/ I guess it must be fate/ We've tried on our own/ But deep inside we've known/ We'd back to set things straight"[7].

Nunca senti tantas saudades dela como tenho sentido nestes tempos de escrita deste livro. Sinto que, onde quer que esteja, ela me acompanha. Reverencio, portanto, minha história com minha mãe para honrá-la e agradecer pela vivência que tivemos juntas.

Chegar na outra margem é assemelhar-se às atitudes funcionais e generosas da pessoa que se matou, compreendendo que ela viveu sua vida da única maneira que pôde e que nós podemos lapidar a nossa de maneira diferente, para honrar a relação, que não partiu junto com o suicídio.

A causa de morte de minha mãe foi "falência múltipla dos órgãos, choque séptico pulmonar, hipertensão arterial, diabetes mellitus", mas minha mãe foi muito maior do que a maneira como morreu. A história dela não se resume aos motivos de sua morte. E o mesmo posso afirmar sobre quem partiu por suicídio.

---

7. Em tradução livre: "Bem, aqui estamos de novo/ Acho que deve ser o destino/ Nós tentamos cada um por si/ Mas, no fundo, sabíamos/ Que voltaríamos para acertar as coisas". Trecho da música "Afterl all", de Dean Pitchford e Tom Snow, interpretada por Cher e Peter Cetera (do álbum *Heart of Stone*, Geffen Records, 1989).

Quando a pessoa em luto percebe que aquele que partiu é muito maior do que a forma como partiu, ela chegou na outra margem. *Não se pode confundir o ato de morrer com a vida da pessoa que se matou, pois a pessoa é muito maior do que a maneira como morreu.*

Se a verdade é que nunca mais seremos os mesmos depois de um suicídio, quem seremos, então? Como manter a força, se o sentimento é de pura fragilidade? Como me manter viva, se me sinto morta? Quem sou eu para além da minha dor?

O choque e a constatação do nunca mais e da falta provocam uma sensação de perfuração na pessoa enlutada por suicídio. Tal "furo" inaugura uma falta permanente e dilacerante que se torna ausência presente dia a dia. Para lidar com a falta, criamos a fantasia de que precisamos preenchê-la imediatamente ou de que a proteção da vida virá de fora. Sentimo-nos perdidos, pois somos lançados no desconhecido e, claramente, percebemos nosso amadorismo em relação ao acolhimento da falta e da ausência. Por se tratar de situação inédita apresentada pela situação trágica do suicídio, devemos indagar se lidar com a morte significa assimilá-la, adaptar-se, aceitá-la ou resignar-se.

Ainda não tenho a resposta que preenche meu coração. Mas sei que a falta de respostas não apaga a necessidade de acolher e compartilhar nossos sentimentos, pois, como disse em estudo anterior: "Não conversar sobre o que provoca sofrimento implica a ausência de oportunidades para ressignificações" (Fukumitsu, 2019a, p. 37).

8. Do refúgio ao retorno existencial: assumindo a outra margem

NÃO BASTA CHEGAR NA outra margem. Será preciso assumir a outra margem como o novo lugar onde é possível continuar a viver, apesar da morte de alguém que tanto amamos. Assumir a outra margem exprime o desejo de sair da rota da escuridão e de se manter em terreno desconhecido em nome do amor.

Por acreditar que o fato de encontrarmos uma luz no final do túnel não é garantia de que essa luz será mantida para o resto da vida, concebo a importância de elaborar estratégias que sustentem a mudança. Sendo assim, o foco principal não será a mudança em si, sobretudo quando o sofrimento bater na porta novamente, mas a sustentação do processo de mudanças.

Enfrentar esse sofrimento intenso demandará autorrespeito de um estilo completamente diferente daquele que foi vivido até então. É como se houvesse necessidade de aprimoramento constante da disponibilidade afetiva e das modalidades de enfrentamento para acompanhar os encontros, desencontros e reencontros consigo, provocados pelo sofrimento, pelo tédio e pela falta de sentido. Perls (1979, p. 171) apresenta a existência de um assassino, principalmente em sua declaração:

> Olhando para trás, para minha vida, vejo diversos períodos suicidas. Em alemão a palavra é *Selbst-morder*, assassino de si mesmo; e isto é exatamente o que uma pessoa suicida é. É um assassino; um assassino que destrói a si mesmo em vez de destruir aos outros.

Em uma *live*[8] com o grupo de apoio ao luto, Teresa Vera Gouvêa disse algo com que concordo indubitavelmente: "aguentamos a morte, mas não suportamos o sumiço".

Como conviver melhor com a morte e seus desassossegos? Buscando a menina com a flor no cabelo e vestido rosa, buscando o pai que sorri com os olhos. Não permitindo o sumiço. Quem amamos merece e deve ficar. O dia em que eu não puder dar vida aos meus mortos, possivelmente muitas partes em meu coração estarão mortas. (Gouvêa, 2022, p. 19)

O sumiço da pessoa que partiu por suicídio aguça a energia agressiva, que inicia uma trajetória arraigada por culpa, densidade, perfeccionismo, rigidez, comparação violenta, subestimação e autossabotagem. Assumir a outra margem é, portanto, acolher o novo despertar, que rumará para o desenvolvimento de um circuito virtuoso. Nesse sentido, assumir a outra margem significa trilhar a trajetória da posvenção, rumando para a aceitação das limitações e da limitação última que é a morte, a integração das partes fragmentadas, o fortalecimento da firmeza existencial e, por fim, a apropriação da dignidade existencial.

8.1 ACEITAÇÃO DAS LIMITAÇÕES E DA LIMITAÇÃO ÚLTIMA QUE É A MORTE

> *Nem o sol nem a morte podem ser*
> *olhados fixamente.*
> (François de La Rochefoucauld, 2008)

---

8. Disponível em: https://youtu.be/_larx0s7iVs. Acesso em: 12 jul. 2023.

"Morte" e "vida" são palavras utilizadas como contrárias uma à outra, mas na verdade estão intrinsecamente unidas. O oposto da morte é o nascimento —, aprendizagem que recebi de minha amada amiga Nely Aparecida Guernelli Nucci no evento Processos Autodestrutivos e Bem-Estar na Infância e na Adolescência, do qual fui organizadora, em 2019. Uma vez que tudo que nasce morre, nossa tarefa existencial é cumprir a travessia do "entre", que se chama vida.

No entanto, a vida em ruptura provoca tanta desorganização que muitos de nós vivemos a vida inteira sem querer tocar no assunto.

Quando inicio os grupos de apoio aos enlutados por suicídio, não utilizo as palavras habituais: "Sejam bem-vindos". Para recebê-los, eu as substituo pelas frases: "Sintam-se abraçados. Tenho a certeza de que ninguém que está neste grupo hoje gostaria de estar aqui e, por esse motivo, agradeço que vocês tenham escolhido dedicar seu tempo a este encontro". Com essa fala, desejo demarcar a morte trágica, evidenciar que o lugar da pessoa em luto por suicídio é margem surreal e inóspita e contextualizar o início da travessia da posvenção.

Acredito que só mudaremos quando aceitarmos nossas limitações. Quando temos consciência de que somos finitos e limitados, aprendemos a não mais nadar contra a correnteza.

Antes de me interessar pela temática da morte e dos processos de luto, pensava que a morte era uma falha da vida. Da mesma maneira, pensavam os povos primitivos, como citam Goldberg e D'Ambrosio (1992, p. 33):

[…] principalmente os que habitavam a selva, [que] acreditavam que a Morte era um castigo, não o fim natural da existência. Por isso, abandonavam os moribundos para que fossem devorados pelas feras. Nada de túmulos ou cerimônias, apenas um triste deixar morrer os menos aptos a continuar vivendo.

Ao longo do tempo, meu entendimento sobre a morte foi res-significado, como mencionei no livro *Quando a morte chega em casa* (Fukumitsu, 2022b, p. 23, grifo nosso):

> [...] houve um tempo em que eu me autorizava apenas a ter um dedo de prosa com a morte, porque queria mesmo era escapar dela. Mas a vida proporcionou o contrário do que eu esperava e começou a arrombar minha morada existencial com uma fúria assustadora; assim, a visita não desejável se tornou inquilina soberana, a ponto de eu me tornar estudiosa do assunto. Tornei-me pesquisadora de temas como morte, perdas, suicídio e luto. Em legítima defesa, criei a falsa ideia de que deveria me aprofundar nos estudos sobre a morte para ser poupada dessa visita indesejada. *Assumindo o ditado "se não pode vencê-lo, junte-se a ele", tornei-me aliada dela.*

Esse pensamento coaduna com o pensamento da morte invertida ou interdita — como citado por Kovács (2003, p. 71) em seus estudos sobre a proposta de Philipe Ariès (1977), que menciona: "A morte é vista como fracasso, acidente, um sinal de impotência ou imperícia da equipe médica". Mas, ao me conscientizar de que contra a morte não teria outro jeito a não ser aceitá-la como fato indiscutível do desenvolvimento humano, comecei a me interessar pela compreensão do sofrimento advindo das mortes e do processo de luto, que se tornaram meus principais temas de pesquisa.

Aos poucos, tenho aprendido a lidar com o sofrimento que avassala a morada existencial de um ser humano em decorrência das mortes e entendo que tornar-me aliada da morte não significa concordar com ela. Portanto, compreendi que a morte não é fracasso, erro humano ou punição para o que fizemos. A única certeza que temos é de que ela acontecerá para todos. Também entendo que apenas quando assumir sua finitude o ser humano poderá ter a clareza e a compreensão do significado de se ter uma boa vida. O processo de constatação e aceitação de que a morte virá para todos pode promover a percepção de que existem situações que não podemos controlar, sobretudo a morte de quem amamos.

8.2 INTEGRAÇÃO DAS PARTES FRAGMENTADAS

Em minha missão vocacional como suicidologista, sou testemunha dos sentimentos e pensamentos de pessoas que se sentem golpeadas pelo suicídio da pessoa amada. Em geral, sentem na pele o tabu e a dificuldade de compartilhar seus sentimentos com outras pessoas. Sentindo-se estilhaçadas e em carne viva, comentam a maneira como são tratadas: como alguém que não tem mais espaço de fala nem de acolhimento. Essa é a primeira fragmentação em um luto por suicídio.

A violência do próprio suicídio é razão suficiente para nos sentirmos sem chão e em solo fragmentado, mas acontecem situações que potencializam o sofrimento da pessoa em luto, como ouvir comentários insensatos do tipo: "Você não percebeu nada?"; "A pessoa que partiu realmente não deu sinais?"; "Você chegou a fazer alguma coisa para ela melhorar?"; "Você precisa sair da sua casa (onde o suicídio aconteceu)?"; "Você agora precisa ser forte"; "Não chore, porque tudo isso fará mal para a pessoa que morreu"; "Quem partiu está no céu, descansando do seu sofrimento"; "Ele foi para o inferno, porque se matou". São falas que provocam vergonha, culpa e raiva e nos colocam em lugares de inadequação e de maior exposição ao sofrimento existencial.

A morte por suicídio furta o convívio diário e o conhecido da relação intersubjetiva e, por isso, é evidenciada na diferença. Nesse sentido, a qualidade relacional sofrerá impactos e o espaço do "nós" precisará ser reconfigurado. A morte do outro significa também a morte de partes da pessoa em processo de luto. Acabou o sofrimento de uma pessoa e teve início o sofrimento de outras pessoas. Cada suicídio é, portanto, uma revisitação infeliz das perdas de referências — é daí que vem a minha frase no livro *Suicídio e luto — Histórias de filhos sobreviventes* (Fukumitsu, 2020, p. 50): "Quem mata quem quando um suicídio acontece?" A trajetória da posvenção segue para a integração das partes fragmentadas com o objetivo de preservar as energias.

É esperado que, após o suicídio, a "orientação para a perda" prevaleça. Segundo os estudos de Stroebe e Schut (1999, *apud* Fukumitsu, 2020, p. 50-51, grifo nosso), conforme apontado em meu livro:

> Além de lidar com a morte da pessoa, o enlutado se vê diante do impacto da ausência e, por isso, situações que se referem à elaboração da perda *per se* e ao imenso desejo de restaurar a vinculação com o morto serão vivenciadas na *"orientação para a perda"*. Posteriormente, a busca da restauração da vida começa a emergir. Nesse sentido, prevalecem o redimensionamento e a descoberta de papéis, a busca de reorganização. É importante salientar que a oscilação entre "voltar-se para a perda" e *"voltar-se para a restauração"* permite que o enlutado encontre significados e que possa, dialeticamente, compreender seu processo de luto.

Penso que, na vida, podemos experimentar novas situações, considerando nossos limites. No entanto, acredito que, para lidarmos com experiências desconhecidas, sobretudo as adversas — tais como as despedidas —, será necessário suportar o processo de luto por suicídio para retornar ao processo de restauração, assinalado pelos autores mencionados.

A integração das partes fragmentadas da pessoa em luto por suicídio pode ser realizada em percurso de acolhimento e amor.

Em outras palavras, essa integração acontece quando a pessoa se sente amada e respeitada. Ressalto que amar não significa *fazer pelo outro*. Sem atropelos, o amor é uma manifestação de entrega e oferta ao outro daquilo que temos de melhor. Elisabeth Kübler--Ross (2003, p. 191) oferece uma definição precisa de "amar":

> Meus mestres me dão a melhor definição do que significa o amor: o amor real é aquele que permite que o outro aprenda suas próprias lições sem tentar salvá-lo. Amar é saber quando colocar rodinhas auxiliares na bicicleta da criança e também saber quando retirá-las. Isso é amor. *Retirar as rodinhas auxiliares é muito mais difícil do que colocá-las, mas, apesar disso, no devido momento, será necessário retirá-las.*

Retirar as rodinhas auxiliares, saber deixar ir e aprender a se despedir do outro que partiu fazem parte do desenvolvimento da preservação da pessoa em luto por suicídio, para que ela possa assimilar que o que foi construído com o outro se torna o único legado, já que ninguém nem morte nenhuma retira aquilo que foi vivido nessa relação.

Quando iniciei meus estudos sobre Gestalt-terapia, aprendi que a agressividade não faz parte apenas da pulsão de morte, mas também da pulsão de vida. Compreendi que, se a pessoa aprender a direcionar sua raiva, mobilizará a energia agressiva em busca de estratagemas para lidar com os obstáculos, podendo, assim, desenvolver-se como pessoa e evoluir como ser humano. Nesse sentido, reconciliando-se com a história que ficou interrompida e distorcida, a pessoa em luto por suicídio toma consciência de que poderá se tornar diferente de quem era e de que a autodestruição não será o destino de sua existência. A partir do redirecionamento da agressividade, aprenderá a não confundir sentimentos com ações. Em outras palavras, a integração das partes fragmentadas será favorecida quando a pessoa em luto por suicídio aprender a redirecionar a energia agressiva a seu favor.

Entendo que, quando a raiva não é colocada a serviço da satisfação das necessidades, torna-se impedimento para que o ser humano resgate sua dignidade existencial. E a indignação perante uma existência sem sentido abre espaço para a restauração da vida.

Posto isso, a firmeza existencial sustentará a modificação de círculos viciosos para circuitos virtuosos, bem como a ressignificação do tédio e da repetição de comportamentos autodestrutivos em reinvenção, espontaneidade e criatividade, que farão parte do repertório daquele que trilha a nova margem.

No episódio 2 da quarta temporada do *podcast Se tem Vida, tem Jeito*, "Para recomeçar, inicie de onde você está: com quem te respeita e com o que você tem" (2022), compartilhei uma história linda de uma cliente muito amada, que um dia me contou sobre um ensinamento de sua mãe.

A mãe dela estava acostumada a ir para bairros de comércio popular, sempre muito movimentados, e, então, se munia de duas carteiras. Eis que, um dia, estavam ela e a mãe a caminho do Brás, em São Paulo, quando foram furtadas no ônibus — o ladrão levou uma das carteiras, na qual estava a metade do dinheiro que elas tinham, cerca de R$ 200,00. Depois do assalto, minha cliente ficou assustada e, chorando, disse para sua mãe: "Teremos de voltar porque não temos mais dinheiro para gastar", e continuou reclamando do infortúnio.

No entanto, a mãe a lembrou da outra carteira, com o restante do dinheiro, e disse: "Minha filha, vamos aproveitar o que poderemos comprar com R$ 300,00. Está certo que não temos o dinheiro que antes tínhamos, mas não vamos deixar o ladrão levar mais do que levou. Vamos aproveitar o nosso tempo aqui e agora. Não deixe aquele que furtou a sua capacidade de confiar no outro levar mais do que já levou".

Não deixemos que o suicídio, ladrão da esperança, leve mais do que já levou.

Não permita que o suicídio oportunista, que levou a pessoa que você ama, faça você desperdiçar a vida que a morte não levou: a sua.

> Ninguém tem onipotência e plena autonomia para mudar os acontecimentos. Temos, sim, autonomia para escolher como queremos viver a partir da situação de perda, para nos respeitar nas situações de luto e de dor, e temos o direito de participar do nosso crescimento. A alternativa é a da busca de si mesmo. O luto não precisa necessariamente ser terminado, concluído; é, sim, um processo que precisa ser experienciado como parte de nosso desenvolvimento. *O deformar-se provém da dificuldade da apropriação de todo esse caminho e da falta de percepção do nosso processo de luto e das nossas próprias dores.* (Fukumitsu, 2019e, p. 23, grifo nosso)

Em situações de caos, dificilmente nos sentiremos integrados, pois em tsunâmis existenciais somos lançados na mais pura fragilidade, e muitas reviravoltas acontecem e acontecerão. Sendo assim, o processo de integração das partes fragmentadas se faz importante para que possamos caminhar rumo à restauração da vida, não mais rumo à deformação da apropriação da existência. Nesse sentido, o trabalho de integração das partes fragmentadas consiste em impedir que o suicídio se torne o único evento da vida da pessoa em luto. A ausência não pode ser o evento maior da nossa vida. Em seu trabalho com histórias de vida, Fátima Diógenes (2021, p. 92) ressalta que "o ser humano vive dois grandes eventos; dois acontecimentos imutáveis: o nascimento e a morte", e nos faz um convite para que não transformemos processos em eventos, pois, quando o processo vira evento, a pessoa não se dá a chance de transformar os acontecimentos em possibilidades:

Não podemos "desnascer" nem "desmorrer". Entre o nascimento (abertura para os processos de vida) e a morte (parada dos movimentos de vida), acontece o processo existencial, e, nele, construímos nossa história pessoal. Não podemos desmanchar uma história; no entanto, podemos desenvolver um novo olhar sobre ela e colocá-la em movimento.

Os contos e histórias são recursos terapêuticos que utilizo há muitos anos, tanto no atendimento individual quanto no grupal, como uma das possibilidades para ajudar o cliente a *transformar em processo o que ele olha como evento*. A partir da integração das partes que ficaram soltas em sua história, surge um novo significado. (Diógenes, 2021, p. 92, grifo nosso)

O objetivo da posvenção, portanto, é que a pessoa em luto por suicídio transforme sua vida em processos vitais, e não mortais. Não quero, com essa fala, banalizar o sofrimento. É lógico que um suicídio, sendo um evento traumático, tirará muita energia. Mas espero que, por meio da posvenção, a pessoa possa encontrar firmeza existencial para realizar sua travessia.

8.3 FORTALECIMENTO DA FIRMEZA EXISTENCIAL

Em capítulo anterior, abordei a firmeza existencial; neste momento, direcionarei as reflexões para a firmeza existencial no luto por suicídio e no caminho da posvenção.

Não consegui mais ser forte. Fui deixando. Parece que liguei o automático e fui vivendo. E cada vez ficou mais nítido que fui vivendo e liguei o automático. Eu travei todas as emoções, todas as coisas na vida foram travadas. Ia para a faculdade, fazia as coisas e parecia que eu não estava vivendo. Estava mantendo coisas: comer eu comia, nada tinha o brilho da vida como tem hoje em dia. Naquele momento, eu apenas ia deixando. (Enlutada pelo suicídio do filho)

O suicídio provoca torpor e, ao mesmo tempo, uma rebelião interna. Dentre os incômodos das pessoas enlutadas por suicídio, existe um que se destaca e que tem relação direta com o que elas ouvem de outras pessoas de seu convívio: "Você precisa ser forte". Quando ouço esse tipo de comentário de um(a) enlutado(a), replico: "Será mesmo que você precisa ser forte? Acredito que não". Faz-se necessário, portanto, repensarmos o significado de força em um processo de luto por suicídio.

Para mim, "ser forte" equivale à obrigatoriedade de enfrentamento em todas as situações difíceis — aspecto do qual discordo, pois acredito que não somos obrigados a enfrentar todas as adversidades sempre, nem dar conta de tudo. Na travessia da posvenção, será preciso aprender a sair da onipotência e da impotência para ficar na potência.

Quando a vida apresenta eventos traumáticos, geralmente adotamos três direções: paralisar, fugir ou enfrentar. Saliento que nenhuma das direções está desprovida de sofrimento. No que concerne a fugir e paralisar, como já mencionei, gosto muito de pensar em congruência com a frase de Perls (1973/1988, p. 35): "Nem todo contato é saudável, nem toda fuga é doentia". Dessa maneira, podemos compreender que a fuga e a paralisia são formas de lidar com a dor e que nada é certo ou errado.

Gosto da possibilidade de respeitar cada movimento da pessoa em luto por suicídio e acreditar que, caso ela prefira, *naquele momento que se encontra em "carne viva"*, fugir por meio do afastamento, que compreenda seus próprios motivos para tal. Talvez o afastamento seja necessário para calar as inseguranças e apaziguar a sensação de ataques e ameaças na relação com outros.

Além disso, se a pessoa enlutada sentir necessidade de se isolar, paralisando-se, talvez seja porque se sente atacada e precisa criar imunidade, para preservar suas energias para sobreviver. Dessa forma, realcei "naquele momento" porque acredito que devemos respeitar cada reação da pessoa em luto por suicídio, sabendo que toda reação precisa estar em congruência com a prontidão que temos para lidar com adversidades e também que cada um sente à sua maneira: "o sentido pertence ao 'sentidor', a quem considero *aquele que sente a dor* e, por isso, torna-se importante oferecer acolhimento para dor e sofrimento por meio da busca de sentido" (Fukumitsu, 2014b, p. 59).

Creio também que existem momentos certos para enfrentar aquilo que tememos. Porém, desejo abordar a exigência de termos de enfrentar todas as situações. A escolha pelo enfrentamento nem sempre é fácil. Aliás, sustentar as falas "Viverei a minha vida", "Enfrentarei esta situação difícil", "Farei aquilo que quero fazer e o que tenho vontade" talvez seja mais fácil do que o próprio enfrentamento.

A firmeza se faz necessária com o intuito de reassegurarmos energia suficiente para trilhar a travessia do processo de luto por suicídio, em território e como for possível. Iniciei a reflexão sobre o quanto confundimos "ser fortes" com "ser suficientes".

Certo dia, uma cliente me disse: "Karina, não me sinto *suficiente* para lidar com essa situação". Ainda em sessão, busquei a palavra "suficiente" no dicionário e fiquei extasiada quando li o significado: "1. que basta; 2. que satisfaz; 3. *que está entre o sofrível e o bom*, médio, regular" (Suficiente, 2023, grifo nosso).

Assim que li a terceira definição em voz alta, disse para a minha cliente, fitando seus olhos: "Eu acredito que você esteja se sentindo 'suficiente', sim, pois, segundo a definição do dicionário, ser suficiente é estar 'entre o sofrível e o bom'. Eu sou testemunha de que você está nesse lugar".

Minha cliente deu um sorriso e confirmou, dizendo: "É verdade. Esse lugar eu conheço". Por esse motivo, no fluxograma, no caminho da firmeza existencial para o processo de extrair flor de pedra, indiquei que o caminho necessário é o do diálogo constante consigo e com o mundo, de forma permeável e flexível frente às nossas ideias, crenças e convicções. Nessa direção, o sofrível e o bom dão licença para que possamos viver com mais leveza, sem exigir perfeição.

Nós nos obrigamos a ser aquilo que não podemos ser e nos exigimos a ficar em lugares que não queremos. No entanto, para sobreviver às tragédias da vida, é preciso aprender *a ser* e *a fazer o suficiente*. Ocupar o lugar de suficiência é sustentar o sofrível e o bom que habita em nós e manter-nos firmes com o que temos. Portanto, retorno à reflexão a respeito da firmeza existencial, tão necessária para que não nos deformemos. Nesse sentido, forte é aquele que assume a própria fragilidade. E firme é aquele que encontra bases suficientes (entre o sofrível e o bom) para continuar sua travessia de sofrimento, respaldando-se em suas próprias convicções e história de vida e contando com o heterossuporte. Digo para a pessoa em luto por suicídio: "Você não precisa mostrar mais nada a ninguém, nem se exigir tanto. Seja generoso(a) com você, inclusive sobre a ideia de ter de ser forte, porque o pior já aconteceu. Está vivendo uma situação surreal. Agora iniciaremos um caminho para que você desenvolva firmeza em você, um processo pelo qual aprenderá a amar, além da dor".

Então, o trabalho com a pessoa enlutada por suicídio acontece por meio da validação de seus sentimentos e da minimização da exigência de que ela tem de ser forte e enfrentar suas dores a qualquer custo.

A frase "amar além da dor" foi um dos muitos ensinamentos de uma das entrevistadas da pesquisa de pós-doutorado *Cuidados e intervenções para sobreviventes enlutados por suicídios*, que sofreu o impacto do suicídio de seu filho. [...] O trabalho de posvenção visa a um lugar onde a pessoa em processo de luto possa ser ouvida, respeitada e, principalmente, cuidada em seu sofrimento e forma de enfrentamento singular. Além disso, pretende-se auxiliar o enlutado a minimizar os impactos do suicídio e, sobretudo, proporcionar ao enlutado a ampliação de possibilidades para vislumbrar uma nova configuração, apesar das vivências confusas e que provocam mais dúvidas do que esclarecimentos. (Fukumitsu, 2017)

Amar além da dor, para mim, é muito forte, porque eu ouvi uma mãe cujo filho se matou dizer: "Karina, eu quero sair da condição de ser sobrevivente para ser vivente".

É uma história muito bonita, que acompanhei e tenho autorização dela para compartilhar:

Essa mãe construiu um escritório para o filho trabalhar e, no dia que recebeu as chaves do escritório, ele se matou nesse local. A mãe buscou atendimento em posvenção, com dor dilacerante em virtude da enorme culpa, acreditando ser ela a responsável pela morte do filho, "por ter dado o lugar para ele se matar". A gente mistura tudo quando sente dor...

Em uma das sessões, explanei para ela as características do comportamento suicida, conforme apontado pela Organização Mundial da Saúde (OMS):

1. Ambivalência: a maioria das pessoas têm sentimentos confusos sobre morrer por suicídio. O desejo de viver e o desejo de morrer surgem como uma batalha no indivíduo. [...] Muitas pessoas que tentam o suicídio não querem morrer na realidade — apenas estão descontentes com a vida. Se o suporte é oferecido e o desejo de viver é ampliado, o risco suicida é reduzido.

2. Impulsividade: o suicídio é também um ato impulsivo. Como qualquer outro impulso, o de se matar é temporário e dura alguns minutos

ou horas. É normalmente despertado por eventos negativos do dia a dia. Detalhar o motivo da crise e solicitar que a pessoa disponibilize um tempo para ajudá-la pode auxiliar a reduzir o desejo de se matar. 3. Rigidez: quando as pessoas pensam no suicídio, seus pensamentos, sentimentos e ações apresentam-se enrijecidos. Elas constantemente pensam sobre suicídio e não conseguem perceber outras maneiras para sair do problema. Elas pensam drasticamente. (OMS, 2010, p. 10, *apud* Fukumitsu, 2019d, p. 25)

Após explanação das principais características do comportamento suicida, perguntei:

— Você conhece mais o seu filho do que eu. Ele às vezes demostrava ambivalência nas atitudes dele, falava e não fazia?

— Sempre — respondeu ela.

— Ele apresentava muita rigidez no pensamento e no comportamento dele?

— Nossa! As coisas tinham de ser do jeito dele! — acrescentou minha cliente.

— Ele era impulsivo em alguns momentos? Reagia demais de forma agressiva? — acrescentei.

— Sempre. Desde pequeno ele era reativo e não se continha em algumas situações de frustração e de decepção — afirmou.

— Agora, se a gente pensar que o suicídio é um evento que a pessoa cria e que ela não te convidou, porque, se quisesse te convidar, com certeza, teria falado com você, concorda? — falei.

Ela concordou. — O suicídio é a única morte em que a pessoa tem sua partida no tempo da maneira como planejou. É a única morte em que a pessoa consegue delimitar quando e como morre. — falei.

Ela me interrompeu e disse:

— Então você está me dizendo que o meu filho se matou no lugar que ele quis?

Consenti com a cabeça, acrescentando:

— Você deu para o teu filho um lugar não para ele morrer, mas para ele morrer do jeito que planejou morrer.

Com os olhos marejados, minha cliente olhou para a frase "Caminha que a vida te encontra", no meu consultório, cuja autoria desconheço, e perguntou:

— Essa frase estava aí faz tempo?

Respondi, também com os olhos marejados e emocionadíssima:

— Sempre esteve aí, mas agora você está aberta e pronta para viver isso. Caminha que a vida te encontra, minha querida.

Nós nos abraçamos e nos despedimos. Essa sessão representou o início da firmeza existencial dessa pessoa tão dilacerada pela partida do filho por suicídio.

Meses depois, ela falou:

— Karina, estou pronta para sair da condição de ser uma sobrevivente para me tornar uma vivente. Estou pronta para amar além da dor.

Confirmei que era o momento de me despedir dela, dizendo:

— Sim, você está pronta para amar além da dor. Você chegou na outra margem, porque amar além da dor é a capacidade de a pessoa respeitar a própria dor e ir além. É optar por continuar amando a pessoa que partiu e garantir que o vínculo não se perdeu com a morte.

A garantia da qualidade vincular é necessária para que a pessoa em luto por suicídio possa fazer sua travessia rumando para outra margem.

A firmeza existencial significa resgatar a fé e utilizá-la a serviço de nos autoafirmar enquanto estivermos machucados e feridos. Significa a sustentação de que o amor nunca será finalizado. Sendo assim, é também necessário que busquemos suporte e apoio que ofereçam nutrição temporária para a nossa sobrevivência. A firmeza existencial também consiste em aceitar ajuda e ampliar os heterossuportes, ou seja, os apoios externos.

Acredito que, quando conseguimos nos perdoar, entender que não nos corresponde a condição de pessoa endividada, deixar de repetir para nós mesmos que devemos ser fortes, somos finalmente absolvidos dos pecados e crimes que não cometemos, pois compreendemos que realizamos aquilo que nos cabia dentro das nossas possibilidades. Assim, a nova trilha será a do merecimento, da apropriação e do perdão para conosco e com o ato da pessoa que partiu pelo suicídio.

Do trágico, a pessoa em luto por suicídio ruma para outra direção e se oferece chances para continuar sua caminhada; assim, poderá chegar a desfrutar da outra margem. Sem a exigência de ser forte, de ter de enfrentar a situação a qualquer custo, ela conquista sua dignidade existencial aprendendo com sua dor, com seu caminho e com seu caminhar; como ensina Fisher (2018, p. 25): "uma pessoa não pode fugir e aprender ao mesmo tempo. Ela precisa permanecer algum tempo no mesmo lugar".

Precisamos nos sentir *firmes o suficiente para estar confortáveis dentro da própria pele*. Assim, nos tornaremos firmes o suficiente para nos apropriar da dignidade existencial.

8.4 APROPRIAÇÃO DA DIGNIDADE EXISTENCIAL

Apropriar-se da dignidade existencial requer a percepção de que o tempo está a nosso favor e não contra nós, sobretudo na lida do processo de luto. Quando a morte acontece, a percepção que temos é de que o tempo parou para nós. Em contrapartida, nada detém a rotina frenética que vem junto com o caos.

Ao perder um ente querido, eu me sentia traída pelo tempo e pelo destino, pois tinha a sensação de que havia sido roubada da convivência desejada com quem partiu.

Maria Lúcia de Oliveira, minha melhor amiga da faculdade, foi quem me inspirou nos estudos sobre a morte:

Em 1993, a morte apareceu em forma de acidente de carro, sequestrando minha melhor amiga de faculdade, que me ajudou muito com o luto da morte de Henry (meu sobrinho, em 1991). Maria Lúcia de Oliveira havia prometido que assistiria um trabalho que eu apresentaria sobre a "psicologia da morte". Na verdade, foi ela quem apresentou o trabalho por mim por meio de sua própria morte. Teoria e prática se articulando em vida. (Fukumitsu, 2022a, p. 29)

Lúcia me recomendou que ouvisse a música "Vento no litoral" três dias antes de falecer em um acidente de carro.

Já que você não está aqui,
O que eu posso fazer é cuidar de mim. [...]
Lembra que o plano era ficarmos bem?[9]

Todos os planos que eu tinha com Maria Lúcia, de sermos professoras e percorrer a carreira acadêmica fazendo mestrado, doutorado, pós-doutorado, e de sermos docentes de universidade, tornaram-se planos solitários em meu viver. Percorri todos os sonhos pactuados em dupla em trajetória solo...

Ao recordar minha amiga Maria Lúcia, fui tocada, pois fiz da nossa amizade e dos nossos sonhos o meu percurso profissional. Apoderei-me da minha dignidade existencial quando, em meu trajeto acadêmico solitário, dediquei meu tempo e minha energia a estudar aquilo que mais me fazia sofrer. Assim, posso caminhar na outra margem, apropriando-me da história e do útero existencial vindouro.

---

9. Trecho da música "Vento no litoral", da Legião Urbana, composta por Renato Russo, Dado Villa-Lobos e Marcelo Bonfá (do álbum *Legião Urbana V*, EMI Music Brasil, 1991).

9. Apropriação da história pessoal e do fértil que habita em nós para ser útero

Você tem muitas decepções, mas as surpresas são incríveis.[10]

NÃO POR ACASO, QUANDO iniciei este capítulo, Maria Julia Kovács me enviou um vídeo de Rubem Alves, de uma crônica que falava sobre a dor de não haver pessoas para serem escutadas, acompanhada da mensagem: "Escute com calma. O vídeo é curto. Bom dia. Um presentinho para você do mestre". Eu lhe respondi:

Que lindo, mamys! Que linda essa mensagem do amado Rubem Alves e como você disse: "do mestre". Mensagem que toca na alma, que provoca calma e que é verdade pura da necessidade de termos alguém que nos escute. Obrigada por você saber escutar meus gostos, paixões, devaneios e desejos. Amo você por me acompanhar...

Quando terminamos a troca de mensagens, fiz uma retrospectiva da minha linha do tempo. Recordei meu interesse em pesquisar as especificidades do processo de luto por suicídio com Maria Julia Kovács. Aliás, Maria Julia Kovács representava para mim o que nomeava por SDC, meu sonho de consumo. Ser orientada por Julia, em uma instituição como a Universidade de

---

10. Fala de pessoa enlutada pelo suicídio do filho, durante o curso "Ajuntando os cacos do processo de luto", da associação Se tem Vida, tem Jeito, com Gláucia Rezende Tavares, em 14 de abril de 2023.

São Paulo, eram sonhos que eu não acreditava que seria capaz de conquistar.

Por ter consciência da carência brasileira nesse tipo de acolhimento provocado pelo impacto do suicídio de uma pessoa amada, por sentir a pressão da graduação em Psicologia na qual lecionava, que exigia títulos maiores em suas contratações, e por enfrentar meu luto gestacional, decidi me aprofundar nos estudos sobre o processo de luto, com o objetivo de levantar as especificidades do luto por suicídio.

Inscrevi-me, timidamente, no programa de pós-graduação em Psicologia Escolar e do Desenvolvimento Humano, com o projeto "O processo de luto do filho da pessoa que cometeu suicídio" e fui aceita no doutorado. Tinha a curiosidade de saber se os filhos de pessoas que se suicidaram sofriam de ansiedade e pelo estado de alerta e ameaça permanente e frenética para evitar a morte dos pais.

Ao concluir o doutorado e o pós-doutorado, fui a responsável pela efetivação do primeiro programa brasileiro de posvenção no ano de 2018, quando uma escola particular na cidade de São Paulo sofreu por dois suicídios em menos de dez dias. Desde então, tenho realizado trabalhos em várias escolas e empresas para prestar acolhimento e cuidados ao processo de luto por suicídio.

Durante a revisão da minha história, percebo que já não estou só no caminho da posvenção e que meu esforço trouxe o resultado saboroso dos novos temperos que a vida proporciona. Apesar da inflamação cerebral, dos entremeios obscuros que tive como experiência e do glaucoma decorrente do tratamento com corticoides, atualmente sou grata pelas visões que agora posso enxergar, pelo amor que posso receber. Tanto a inflamação cerebral quanto o glaucoma falam sobre degenerações e, mesmo que em órgãos diferentes, penso que o ponto em comum é que eu aprenda a não me autorizar a degenerar[11] existencialmente. Nada mais pode me tornar invisível nem permitir o desvio de quem sou.

Volto a recordar minha história. Minha solidão tem sido apaziguada com o árduo caminho da prevenção e da posvenção, esforçando-me para que outras pessoas não sofram também por suas próprias degenerações.

Coordeno as pós-graduações em Suicidologia: Prevenção e Posvenção, Processos Autodestrutivos e Luto; e em Saúde Existencial e a Escola Brasileira de Acolhimento ao Sofrimento Existencial, ambas da Faculdade Phorte, com o intuito de ampliar a conscientização da necessidade de "associar ações" para lidar com essa dor tão dilacerante que vem dos processos autodestrutivos. Criei a associação Se tem Vida, tem Jeito, destinada a pessoas que viveram a partida da pessoa amada por suicídio e que buscam estratégias para lidar com o processo de luto e desenvolver saúde existencial e bem-estar. Juntamente com Gabriela Ribeiro Sabio de Melo, enlutada pelo suicídio de seu pai, Miguel Sabio de Melo Neto, estabeleci aliança para cuidar dos enlutados por suicídio, colocando-nos como companhias nessa trajetória inóspita e que honrarei até o último suspiro de minha vida.

A respeito de Gabriela, no episódio 10 da terceira temporada do *podcast Se tem Vida, tem Jeito*, "Extrair flor de pedra é se dar o direito de continuar apesar do sofrimento de um luto por suicídio" (2021), conto nossa linda história, que se (re)iniciou como momento de um recomeço de uma pura vida:

> Gabriela Melo, enlutada pelo suicídio de seu pai, me conhecia desde a morte dele e apenas em 2020, durante a fase pandêmica, a conheci. [...]

---

11. Conforme o *Dicionário Priberam Online de Português*, "degenerar" significa "mudar de bem para mal, de mal para pior; corromper-se; estragar-se, adulterar-se". (Disponível em: https://dicionario.priberam.org/degenerar. Acesso em: 22 abr. 2023.)

Esportista nata, com pura energia, pessoa que acorda todas as manhãs para assistir ao nascer do sol, Gabi chegou em minha vida em um momento que estava aberta para conquistar minha evolução espiritual e me comprometer com meu despertar.

Em uma das manhãs, retornando da contemplação de um nascimento do sol, [...] a música de Phil Collins "You'll be in my heart" — que significa "Você estará em meu coração" — ecoava em meu coração e em meus ouvidos. Enviei para ela a música com a proposta de fazermos um livro, *A cada nascer do sol, uma esperança*, cuja apresentação apenas dedilhei e que será composto por fotos do nascer do sol.

Gabi enviou retorno de que a música era a preferida de seu pai e compartilhou seu Instagram, que já tem fotos de nascer do sol do lugar onde mora.

Além da associação, participo do grupo que idealizei e que é projeto resultante do meu pós-doutorado. Submeti para diretoria do Instituto Sedes Sapientiae a proposta de um grupo de acolhimento para pessoas em luto por suicídio, intitulado Grupo Transformador em Amor. Felizmente, a proposta foi aceita e, desde 26 de novembro de 2019, sob coordenação de Fátima Aparecida Gomes Martucelli e Cristina Petry, temos oferecido acolhimento às pessoas em luto por suicídio no Núcleo de Assistência Social (NAS) do instituto. Formamos uma linda equipe de voluntários que, desde aquele ano, oferece seu tempo valioso a acolher pessoas do Brasil inteiro que foram impactadas pelo suicídio de quem amam.[12] Até o momento desta escrita, pertencem à equipe:

---

12. O encontro ocorre sempre na última terça-feira de cada mês, das 19h30 às 21h30, de forma remota e gratuita. A cada encontro, há um profissional do NAS do Instituto Sedes Sapientiae e um enlutado por suicídio. A pessoa em luto precisa se inscrever até um dia antes, pelo e-mail nas@sedes.org.br.

Fátima Aparecida Gomes Martucelli e Maria Cristina Petry Barros Martinha, como coordenadoras e representantes do grupo no Instituto Sedes Sapientiae. Adriana Cavalcante dos Santos, Alaíde Aparecida de Oliveira Ramalho, Ana Maria Pieralisi, Benedito Jorge Pereira, Berenice Pereira Gani, Camila da Costa Olmos Bueno, Cecília Maria Portella De Mello Graciano, Claudia Clementi Fernandes, Dulcinéa Vieira Gama, Emanuelle Silva Araújo, Flaviana Cavalcante Oliveira, Gabriela Ribeiro Sabio de Melo, Ibsen de Godoy, Irma Akamine Hiray, Karina Okajima Fukumitsu, Kátia Cardoso de Souza, Lidiane Soares dos Santos Melo, Luigi Costa Ribeiro, Maria Rita D'Angelo Seixas, Marilei Caldeirão Utikawa, Maura Vieira Âmbar, Michel Kazumi Kumakawa, Milene Esquivel Denari Lamarca, Renata Leal Quaglio, Rose Cristina Neira, Rosimar da Silva Bezerra Arakaki, Sandoberto de Moura Sousa, Tania Regina Iorillo e Thiago Branduliz.

Saliento que o projeto submetido à diretoria foi desenvolvido com o propósito de oferecer um lugar onde os enlutados compartilham suas histórias, recebem acolhimento ao sofrimento provocado pelo impacto pelo suicídio de um ente querido e são, eles próprios, instrumentos de transformação e ajuda para todas as pessoas que pertencem ao grupo, pois sentem que estão no mesmo barco.

Rememorando os acontecimentos de 14 anos de trajetória da posvenção e aprofundamento no luto por suicídio, digo que tudo valeu a pena.

Penso que, ao iniciar uma empreitada nova, o ser humano nunca sabe sobre o futuro. E que fiz valer a frase do livro *O milagre da manhã*: "Ame a vida que você tem enquanto cria a vida dos seus sonhos. Não pense que precisa esperar pela última para começar a fazer a primeira" (Elrod, 2020, p. 205).

Nunca imaginei que teria uma relação estreita com Julia, que se tornou minha "mamys" emocional; que teria escopo suficiente para ministrar cursos e palestras, trabalhando com as especificidades do processo de luto por suicídio; que lideraria ações e coordenaria pós-graduações na temática dos processos autodestrutivos, luto e luto por suicídio e saúde existencial.

Sinto-me grata por colher tantos frutos e por confirmar a aposta do acolhimento da história e do autorrespeito como fertilizantes para a apropriação de quem sou. Vivo na outra margem e agora o trabalho é assumir o novo lugar que a minha existência ocupa aqui e agora...

> *Ao compreender o que lhe aconteceu, a pessoa encontra o significado das coisas que viveu.* Encontrando o significado, pode juntar os pedaços de si mesma e integrá-lo ao momento atual de vida. A figura se completa e ela pode seguir em frente. Finalizo estas reflexões com a frase da minha jovem cliente sobre seu processo de terapia: "O olho é o mesmo, foi o olhar que mudou". (Diógenes, 2021, p. 97, grifo nosso)

Encontrei significado para tudo o que me aconteceu e me sinto orgulhosa pela maneira como conduzi minhas dores. Hoje sou útero para o suficiente e para o possível que em mim habitam. Esta frase, de autor desconhecido, se faz pertinente neste momento: "Você sabe que está no caminho certo quando perde o interesse de olhar para trás".

Apesar das críticas de que sempre me expus ou que racionalizo as dores, colocando-as em teoria, percebo o quanto valeu a pena trilhar a busca incessante de respostas em relação aos sentimentos que se mantêm confusos durante a morte de alguém que amamos. Perseverei no encontro com a serenidade em meu existir como pessoa e busquei, no conhecimento e nas informações, a possibilidade de lidar com minhas angústias, lançando mão de minha potência intelectual. Aprendi, a duras penas, sobre o necessário respeito à dor singular. Aprendi que acolher a dor é dar-se colo.

Difícil é a compreensão de que a morte de alguém que amamos seja, talvez, aprendizagem sobre nossa própria vida. Na obra *A vida não é do jeito que a gente quer* (Fukumitsu, 2019b, p. 257), escrevi: "Sua missão ficará mais clara quando você menos procurar saber. A vida é arte que leva tempo".

9.1 QUANDO A VIDA VIRA ARTE QUE LEVA TEMPO

A partir do suicídio de quem amamos, o passado se torna presente dia a dia, relembrando-nos, de forma persistente, sobre o que deveríamos ter feito, falado, efetivado e concretizado.

É o passado que contrasta com o presente e que insiste em nos dizer "nunca mais"; de fato, nunca mais faremos o que não pudemos fazer.

> Sei que minhas palavras são inúteis. *A morte faz com que tudo seja inútil.* Olho em volta as coisas que amo, os objetos que me davam alegria, o jardim, a fonte, os CDs, os quadros, o vinho (ah! o riso dele era uma cachoeira, quando abria uma garrafa de vinho!): está tudo cinzento, sem brilho, sem cor, sem gosto. Não abro o vinho: sei que ele virou vinagre. Rego as plantas por obrigação. O dever me empurra: elas precisam de mim. Agrado o meu cachorro por obrigação também. Ele não é culpado. (Alves, 2012a, p. 39, grifo nosso)

A sensação de inutilidade se prolonga quando alguém morre por suicídio. No entanto, o fato de a morte fazer que "tudo seja inútil" não significa que sejamos inúteis.

O processo de trabalho com luto por suicídio é aprendizagem constante para transformar o pior em ruim. E, ao contrário do que se pensa, não podemos ter a pretensão de transformar o ruim em excelente. A travessia é lenta e deve receber a humilde crença de que, embora exista dificuldade, transformar o pior em ruim confirma que a chegada a um caminho de paz e serenidade acontece. Será o caminho do pulsar da vida, que só será sentida por meio do movimento e da compreensão de que é possível manter viva, dentro de nós, a pessoa que morreu. Alves (1995, p. 224) nos convida a aprender as lições que a morte ensina sobre a arte de viver:

> Houve um tempo em que nosso poder perante a Morte era muito pequeno. E, por isso, os homens e as mulheres dedicavam-se a ouvir a sua voz e podiam tornar-se sábios na arte de viver. Hoje, nosso poder aumentou, a Morte foi definida como a inimiga a ser derrotada, fomos possuídos pela fantasia onipotente de nos livrarmos de seu toque. [...]
>
> [...] seria preciso que nos tornássemos discípulos e não inimigos da Morte. Mas, para isso, seria preciso abrir espaço em nossas vidas para ouvir a sua voz. Seria preciso que voltássemos a ler os poetas...

Por falar em poesia, quero compartilhar um poema que foi escrito por Gizele Cerqueira, uma das integrantes do grupo de estudos de Suicidologia, que nos presenteou no final de um encontro:

Você está indo muito bem.
Não se obrigue a não chorar.
Não se obrigue a sorrir.
Não se obrigue a lembrar nem a não lembrar.
Sinta o que vier.
Deixe que seu corpo exprima sua emoção.
Deixe que seu pensamento chacoalhe.
Fique só.
Fique com amigos.

Fique com um café, suco ou chá. Vale outra bebida.
Fique com você. Com sua dor e sua saudade.
Não se apresse. Não se apresse.
(Gizele Cerqueira, "Verbo a um enlutado", 2 abr. 2023)

Sim. A vida é arte que leva tempo; porém, será somente a pessoa em luto por suicídio a responsável pelo desenvolvimento de sua saúde existencial. Por acreditar que a gente só oferece o que tem, será pelo aprimoramento da dignidade existencial que a pessoa em luto por suicídio garantirá a motivação necessária para continuar em solo fragmentado.

9.2 NADA É POR ACASO: ESTAMOS MAIS AMPARADOS DO QUE IMAGINAMOS

Aprendi com Cecília Maria Portella de Mello Graciano uma frase do filme *Jornada da vida*[13]: "Acaso é um dos disfarces de Deus". E na legenda estava escrito: "O destino é Deus viajando escondido". Em qualquer uma das formas em que a frase original foi traduzida, na verdade, cada vez mais tenho percebido que estamos mais amparados do que imaginamos e que, realmente, nada é por acaso.

Exatamente quando estava escrevendo o capítulo anterior, sobre fortalecimento da firmeza existencial, lesionei a escápula direita em um movimento de ioga. Esse fato prejudicou minha escrita e, segundo meu cronograma rígido, atrasou o fechamento desta obra.

---

13. Longa-metragem de 2018, dirigido por Philippe Godeau, com roteiro de Agnès de Sacy, Philippe Godeau e Kossi Efoui. (França; Senegal: Pan Européenne; Korokoro; France 2 Cinéma).

Obriguei-me a escrever durante dois dias, apesar da dor, dizendo para mim: "Karina, seja forte e continue a escrever, pois você tem prazo para entregar esta obra". Ignorando minha dor e querendo ter a mesma produtividade que tinha antes de lesionar a escápula, não havia me dado conta da minha incongruência e cegueira. No entanto, quando percebi que não era por acaso que estava vivenciando uma dor dilacerante nas costas, dor estrutural, e que estava me exigindo ser forte, optei por deixar de lamentar o infortúnio, enfrentei meu estado temporário de dor e aceitei cuidar dela de forma respeitosa. Pensei comigo: "quem sabe se eu cuidar da minha dor física, dor da estrutura e do meu eixo e que me mantém erguida, aprenderei sobre as dores de um luto por suicídio?"

Acredito que a dor do luto por suicídio também mexe com a nossa estrutura, o nosso eixo, por isso não conseguimos ficar erguidos como outrora conseguíamos...

Ao tecer aproximações entre o que estava acontecendo comigo e este estudo, compreendi que precisaria prestar mais atenção aos sinais e ficar atenta às comunicações que a vida me traz, a como conduzo minhas ações, a cada minuto, como nos ensina o mestre do conto "O monge zen e o guarda-chuva", que está no livro *Kintsugui — A arte japonesa de encontrar forças na imperfeição*. Diz a lenda que um monge zen que praticava há muitos anos foi visitar seu mestre em um dia chuvoso. Como de costume, ele deixou seus calçados e o guarda-chuva na soleira da porta. Quando perguntou ao mestre se já estava pronto, este o fitou com serenidade e respondeu com outra pergunta: "Primeiro, quero que me responda. Quando chegou, você deixou seu guarda-chuva à direita ou à esquerda dos seus sapatos?" Como o discípulo não fazia a menor ideia, o mestre concluiu que ele só estaria pronto no dia em que prestasse atenção a cada instante da vida (Santini, 2019, p. 63).

É preciso observar os momentos como se fossem únicos e perceber que cada detalhe servirá para dignificar que a existência não é em vão. Beneficiando-nos do tempo a nosso favor, podemos compreender que nada do que nos acontece é por acaso e que estamos em travessia na vida para aprender a lição do que ela pretende nos ensinar.

Somos, no máximo, apenas acompanhantes, parceiros e testemunhas da vida e da morte de outrem. Temos de ser humildes e reconhecer que entendemos pouco sobre a existência. Nascer e morrer são facticidades existenciais que não modificaremos. Entre os dois eventos, há a vida, que clama para ser preenchida, e isso consegue mudar alguns rumos.

Muitas vezes, percebo que a vida requer a compreensão dos altos e baixos e acredito que assumir a outra margem no processo de luto por suicídio seja um processo de autorização. Digo autorização porque, se o processo de luto é uma resposta à uma situação que envolve a morte de várias outras situações, caberá à pessoa vivenciar seu luto, passar por experiências totalmente diferentes, descobrir como se adaptar à nova realidade e desvelar formas para serenar seu coração e apaziguar seu corpo em momentos cansativos.

Sim, nos cansamos; quando esse momento chegar em nosso corpo, será preciso respeitar o cansaço, pois são as emoções pedindo cuidado. Cansamos de sentir, cansamos de tentar e cansamos de persistir. Entretanto, certo dia vi uma postagem em rede social, que dizia: "Se está cansado, não desista, mas busque outras maneiras para descansar". De fato, tenho acompanhado pessoas cansadas de continuar suas travessias no processo de luto por suicídio por não vislumbrarem possibilidades de descansar.

Talvez você esteja perguntando: "Mas, Karina, para que viver se não poderemos ver e usufruir daquilo que plantamos?" A resposta vem com a frase de autor desconhecido: "Uma sociedade cresce bem quando as pessoas plantam árvores mesmo sabendo que não desfrutarão de suas sombras".

9.3 NÃO SUBESTIME A POTÊNCIA DE UMA PESSOA ENLUTADA

Todo ser humano traz consigo sofrimento inerente; por isso, nunca podemos desvalorizar a potência de alguém. A potência que emerge de uma ferida é a possibilidade de transformação da dor em sabedoria e amor-próprio quando tiver sido possível ressignificar o processo de sofrimento.

A pior coisa que você pode fazer para uma pessoa em luto por suicídio é desacreditar que ela terá condições de realizar sua trilha do luto. Às vezes, as pessoas confundem processo de luto com adoecimento e perda de autonomia para fazer as próprias escolhas e renúncias.

Em estudo anterior, refleti sobre a linguagem do acolhimento e do cuidado:

> É preciso utilizar uma linguagem respeitosa, e a suspensão de julgamentos e de acusações deve ser a primeira preocupação nas ações da posvenção.
>
> Há muito tempo aboli a palavra "suicida" e o verbo "cometer" do meu vocabulário. Acredito que a palavra "suicida" coloca a pessoa em uma condição reducionista na qual ela será conhecida unicamente por seu ato e não por sua história. Assim, categorizar uma pessoa como "suicida" significa confundi-la com sua ação. Já o verbo "cometer" parei de utilizar em 2013, quando li o trabalho no qual Smith (2013) menciona que ele está associado ao crime ou a um pecado. Endosso, portanto, que a maneira como a pessoa morreu não pode significar quem ela foi. (Fukumitsu, 2019c, p. 69)

Da mesma forma, trago à tona a discussão sobre a palavra "sobrevivente". Algumas pessoas em luto por suicídio se identificam com essa palavra e se sentem representadas, pois aprenderam a ter sobrevida durante seus processos de luto, percebendo-se como lutadores e como se vivessem verdadeiras batalhas diárias; no entanto, atualmente eu utilizo pouquíssimo a palavra "sobrevivente" e tenho preferência pela expressão "pessoa em luto por suicídio".

Edwin Shneidman (1972) cunhou o termo "survivor", que indica todo indivíduo que experiencia o luto por suicídio. No Brasil, a palavra "survivor" foi traduzida como "sobrevivente" e deu muita confusão, principalmente em grupos que traziam no título "sobreviventes do suicídio", pois pessoas que tentaram suicídio apareceram nesses grupos de enlutados por suicídio, provocando nestes últimos certo desconforto com sua presença. Falas como: "Você, que está tentando o suicídio, não vê o sofrimento que pode causar na gente?"; "Você é egoísta por vir aqui no grupo de pessoas que estão sofrendo por muitas pessoas como você, que não pensaram nas consequências que a morte traria para nós". A transferência emocional das pessoas em luto para com a pessoa que afirmava querer se matar ficava nítida.

Diferente da conotação de Shneidman (1972), tenho utilizado a palavra "sobrevivente" para toda e qualquer pessoa que vai além do sofrimento, incluindo outras esferas que comportam tragédias naturais.

Justifico minha decisão de não utilizar mais a palavra "sobreviventes" para designar as pessoas em luto por suicídio, trazendo à luz reflexões sobre o fato de que a palavra pode ser vinculada à vitimização. Faço exercício para não estigmatizar nem categorizar as pessoas, pois, ao acompanhar enlutados por suicídio, percebo que, aos olhos dos outros, essas pessoas se tornam "pobres coitadas", portanto, são desacreditadas pela falta de habilidade das pessoas ao redor para se portar frente ao suicídio. Muitas pessoas se afastam das sombras dos outros por não acolher as próprias. São frequentes os relatos de enlutados que se sentem evitados, porque as pessoas de suas relações não sabem o que falar, como agir e o que fazer quando compartilham histórias da pessoa que se matou.

Minhas sombras me ensinaram sobre o meu sofrimento e sobre as dores alheias. Declarei que, ao me aproximar do sofrimento de outra pessoa, não deveria subestimá-la nem desrespeitá-la; do mesmo jeito que não desejo que aconteça para mim, cuido do outro. Percebo, portanto, que todo o lado sombrio é recurso necessário para o desenvolvimento da firmeza existencial, que será o alicerce da integração das partes fragmentadas. Como ensina Ford (2019, p. 31):

> Vivemos sob a impressão de que para algo ser divino tem de ser perfeito. Estamos errados; na verdade, o correto é o oposto.
>
> Ser divino é ser inteiro, e ser inteiro é ser tudo: o positivo e o negativo, o bom e o mau, o santo e o diabo. Quando destinarmos um tempo para descobrir nossa sombra e seus talentos, compreenderemos o que Jung queria dizer com: "O ouro está na escuridão". Cada um de nós precisa achar esse ouro para juntar ao seu eu sagrado.

A partir da reverência à história pessoal, as pessoas em luto por suicídio tomam a decisão de assumir o protagonismo e se sentem incentivadas a não ficar no lugar de "coitadas", mas no lugar de pessoas impactadas por uma morte que não pediram para experienciar e que, uma vez impactadas, poderão trilhar sua travessia.

É importante salientar que o que fazemos em posvenção é auxiliar o processo de resposta das pessoas em luto e, por isso, não podemos subestimar a pessoa em luto por suicídio. Não sabemos ao certo onde aquele que partiu por suicídio está. Mas sabemos onde estamos: buscando a outra margem.

10. Travessias de um inverno existencial

MUITAS PESSOAS EM LUTO por suicídio sentem que não será mais possível viver de forma serena. Assumir a outra margem é aprender a entrelaçar as possibilidades que unem dor e amor.

Meu trabalho visa fortalecer a pessoa em processo de luto por suicídio para que ela se aproprie de sua dignidade existencial e usufrua de sua saúde. Assumir a outra margem implica aceitar que só é possível encontrar sentido após a travessia de um inverno existencial.

O ponto de partida é a percepção de que ela já precisou lidar com o inesperado e sobreviveu. O segundo passo é auxiliá-la na compreensão de que, embora as situações sejam completamente diferentes, ela descobrirá mecanismos e recursos para lidar com a tragédia e suas consequências.

> Era muito difícil. Eu sentia uma voz que ficava falando assim: "Você merece isso, bem-feito. Você tem que sofrer mesmo. Você fez outra pessoa sofrer, agora é a sua vez de sofrer". Eu fiquei um ano nesse relacionamento, porque para mim era nocivo, mas eu fiquei um ano pensando: "Eu mereço isso. Eu fiz o [nome do ex-namorado] sofrer, é a minha vez de sofrer agora". Falo: "Nossa! Eu estou me fazendo de sofredora aqui, mas eu causei, eu terminei, eu traí. Eu não sou nem digna de falar sobre isso. Quem sou eu para falar de sofrimento? Sofreu muito mais que eu?" (Enlutada pelo suicídio do ex-namorado)

Aceitar a outra margem é adaptar-se ao novo que possibilitará o caminho de volta em direção à morada existencial. No *podcast SuperSoul* (2022), no episódio "Heal through kindness", Oprah perguntou para Lady Gaga: "O que você acha que a vida está esperando de nós?" Lady Gaga lindamente respondeu: "Accept the challenge" [Aceite o desafio]. Para se beneficiar da outra margem, é preciso aceitar os desafios que se apresentam no presente.

Aqueles que se suicidaram ficaram no passado, em decorrência da morte, mas nós, pessoas em luto por suicídio, não precisamos ficar nesse passado conhecido para sobreviver ao presente. Será preciso compreender que o fértil ainda habita em nós. No entanto, há de se questionar a serviço de que passamos por este inverno tenebroso. Kimura (2014, p. 8) parece explicar o sentido de suportar um inverno existencial:

> Na época, os cultivadores de tulipas ensinaram-me que bulbos mantidos em ambientes aquecidos durante o inverno não germinam na primavera. Apenas aqueles que resistem ao frio, soterrados sob a neve, florescem em toda plenitude. As lindas tulipas passam por provações ignoradas por nós, humanos.

Meu trabalho na posvenção se envereda para acompanhar a pessoa em luto por suicídio por meio da legitimação de que a vida mudou completamente e de que será preciso se dar uma chance para continuar e conquistar saúde existencial. O objetivo é sair do lugar de pessoa machucada para ser pessoa blindada. Dessa forma, será possível ter clareza da apropriação necessária para desbravar novas fronteiras e adotar novos rumos. E, como afirma Remen (1998, p. 51): "A vida é tão complexa quanto nós. Às vezes, nossa vulnerabilidade é nossa força; nosso medo transforma-se em coragem e nosso sofrimento é o caminho para a integridade".

11. Viver não apenas para reagir. Viver para agir e para desenvolver a espiritualidade

Quando eu era pequena, acompanhava minha mãe em várias religiões. Atualmente, entendo a busca frenética por religiões como um dos fatores de risco para o suicídio.

Minha mãe procurava nas religiões respostas para o seu sofrimento, e eu a acompanhava em todas as suas idas. Parou com sua peregrinação quando imaginamos, ela e eu, que havia encontrado o caminho "certo", pois se tratava de filosofia oriental japonesa.

Durante anos, minha mãe recebeu mentoria de um casal que a incentivava a deixar meu pai seguir seu caminho com a nova mulher com quem ele se vinculava. Posteriormente, descobrimos que esse casal eram os pais da pessoa com quem meu pai estava se relacionando e constituindo nova família. Lembro-me da nossa sensação de traição e da minha promessa de que minha fé nunca mais teria CNPJ. Tornei-me cética e descrente das religiões, embora sempre tenha cultivado a fé e a espiritualidade.

Minha fé foi direcionada para a psicologia e para a ciência. Fiz delas meus guias sagrados e, por isso, embrenhei-me em ser pesquisadora, professora e psicóloga.

Lembro que, quando adoeci pela inflamação cerebral, tive a experiência do ápice das decepções para com alguns indivíduos. Mais uma vez, as várias puxadas de tapete, a traição e o desrespeito provocaram a sensação de perda de fé e endossaram meu ceticismo. Ao mesmo tempo, acentuaram o medo de ser ferida novamente, a descrença na capacidade de sonhar e sorrir de novo. Também o sabor amargo tomou conta de mim, e me percebi não aceitando que o amor pudesse fazer parte da minha vida. Comecei a duvidar de que pudesse ser amada e me obrigava a amar incondicionalmente — menos a mim. Para os outros, eu oferecia conforto, flexibilidade e tolerância, mesmo que não expressassem seu amor por mim. Para mim, restavam obrigações, intolerância, exigências e "deverias". Sinto que envelheci precocemente e deixei de acreditar na vida, nos outros e em mim. Falava mal daquilo que não entendia. Fiquei amarga, e o nome dessa amargura era medo, conforme escrevi:

> Aprendo, em carne viva, que o medo é a não aceitação de não termos o controle das situações. Dessa maneira, percorri uma trajetória interna a fim de investigar o que temia não controlar.
>
> Penso que quando "abrimos nossos olhos" para a maneira de existir e encaramos aquilo que é temporariamente difícil de enxergar, crescemos e nos damos a chance de conhecer nossos maiores medos e ampliamos, portanto, as possibilidades de rumar nossas vidas de maneira diferente e, talvez, de forma menos disfuncional. (Fukumitsu, 2022a, p. 27)

Felizmente, não fiquei amarga durante muito tempo. Antes de morrer, a última coisa que minha mãe disse foi que eu seria a continuidade espiritual dela. Ao longo desses anos de remissão da minha doença, tenho percebido que, sem fé e espiritualidade, não chegarei a lugar algum.

Mesmo desacreditando que poderia evoluir em minha espiritualidade, dei-me a chance de recomeçar. Aceitei o desafio, percorri a travessia e estou em outra margem, aproveitando a saúde existencial conquistada e resgatada em minha fé.

Em uma das entrevistas do pós-doutorado, fiz uma pergunta para uma das pessoas em luto por suicídio: "O que ajudou você no processo de luto?" E ela respondeu:

O luto me ajudou a me olhar com mais carinho, a não ser tão exigente com essa coisa de cuidar, cuidar, cuidar. Chega. Não precisa cuidar tanto. Cuida de você. Cuida também de você. E me ajudou, assim, essa quantidade de gente, esse mundo de gente. Tem uma amiga do [nome do país], que me liga uma vez por mês. Que as pessoas não deixem de viver. Aceitem os convites que a vida faz. Acho que aceitar o que a vida tem para oferecer é não se entregar. Nós estamos vivos, então, temos que viver o tempo que tivermos. Sou muito espiritualista, também. Eu acho que tem de procurar esse lado da espiritualidade. Lembrar o que é a morte, que todo mundo vai morrer de um jeito ou de outro. Mostrar o que é a morte. Eu acho que nós não temos essa cultura do que é a morte. Nós, ocidentais. Os orientais têm isso muito forte. Acho que explicar o que é a morte para as pessoas, mesmo que seja uma escolha. Demorou meses para elaborar essa coisa do "cada um faz sua escolha". Desde a hora que você acorda até a hora que vai dormir, você está fazendo escolhas. Se eu vou por essa rua, se eu vou por aquela, se eu vou comer isso ou vou comer aquilo. Tudo é escolha, até as mais elaboradas. O que você vai estudar, para onde vai viajar, o que vai fazer no intercâmbio, o que vai… tudo, tudo é escolha. Então, o plano seria este: entender que o outro fez uma escolha e que eu também posso fazer as minhas. (Enlutada pelo suicídio da mãe)

"Como faço uma escultura? Simplesmente retiro do bloco de pedra tudo aquilo que não é necessário. Vi um anjo no mármore e esculpi até que o libertei" — essa foi a frase de Michelangelo[14]. Identifiquei-me com a frase. Toda vez que vejo uma pessoa em luto por suicídio seguindo sua vida, acredito que tanto ela como

---

14. Exposição *Michelangelo: o mestre da Capela Sistina*, no MIS Experiencie, em São Paulo, que aconteceu de 25 de janeiro a 31 de maio de 2023.

eu vimos um anjo bom. Apenas quem conhece a escuridão valoriza a luz.

Beneficiar-se da outra margem é aceitar os presentes que a vida envia. É acreditar que nada é por acaso. Nada é à toa, sobretudo quando você precisa preservar suas energias. Na outra margem, temos a missão da eterna construção de afetos, porque tudo o que vivemos não será mais assunto a ser discutido entre você e a pessoa que se matou. É discussão entre você e o mundo. Trata-se de aprender a estar presente nos momentos possíveis para a criação de significados. É pauta para se respeitar a possibilidade de se emocionar e de usar as emoções a serviço de nós mesmos e da humanidade.

Na outra margem, agradecemos a cada dia a seiva da vida, irmanados na mesma egrégora[15], e esta será a manutenção da saúde existencial manifestada no estar junto.

Na outra margem, não mais nos preocupamos em sobreviver, mas cuidamos *sobre o viver* de forma diferente. Temos, sim, lugares de pertencimento se nos dermos chances para ocupar lugares em que nos sentimos amparados, como no documentário *Evelyn* (2018), cuja trajetória se desvela quando aprendemos sobre a importância de "ficar parados, fechar os olhos, respirar, escutar as pegadas no coração"[16].

Chimamanda Adichie (2019), no livro *O perigo de uma história única*, escreve um potente trecho:

---

15. Conforme o *Dicio, Dicinário Online de Português*, "Força espiritual que resulta da soma das energias mentais, físicas e emocionais proveniente de duas ou mais pessoas reunidas em grupo". (Disponível em: https://www.dicio.com.br/egregora/. Acesso em: 17 jul. 2023.)

16. "Be still./ Clear your eyes. / Breathe. / Listen for my footfall in your heart". Versos do poema "I walk within you", de Nicholas Evans, mencionados no documentário de Orlando von Einsiedel sobre o suicídio do irmão, Evelyn, aos 20 anos.

As histórias importam. Muitas histórias importam. [...]

A escritora americana Alice Walker escreveu sobre seus parentes do sul que haviam se mudado para o norte quando apresentou a eles um livro sobre a vida que haviam deixado para trás: "ficaram sentados, lendo eles próprios o livro, me ouvindo ler o livro, e uma espécie de paraíso foi reavido".

Eu gostaria de terminar com esta ideia: quando rejeitamos a história única, *quando percebemos que nunca existe uma história única sobre lugar nenhum, reavemos uma espécie de paraíso.* (Adichie, 2019, p. 32-33, grifo nosso)

Faço minhas as palavras de Adichie: "quando percebemos que nunca existe uma história única sobre lugar nenhum, reavemos uma espécie de paraíso".

Sinto-me numa "espécie de paraíso" por ter a capacidade de evidenciar e de ressaltar que "nunca existe uma história única sobre lugar nenhum". Tenho a consciência de que o mais importante não é onde desejamos chegar. Quando percorremos a travessia, é preciso atualizar que já estamos no lugar desejado.

Recordo-me de uma das minhas falas no livro *Suicídio e Gestalt-terapia* (2019d, p. 106), durante o início da minha vida profissional: "um dos meus maiores sonhos foi o de poder oferecer o que nunca tive em termos de educação e formação para o manejo do comportamento suicida e do processo de luto por suicídio". Vivo hoje o que sonhei ontem...

Tenho me preparado física, espiritual e emocionalmente para sair de lugares e me afastar de relações que antes representavam minha zona de conforto e que eu mantinha apenas por costume, conveniência ou mesmo medo de enfrentar conflitos. Sigo em frente em minha meta e, nessa direção, aprendo a renunciar a situações nas quais não me sinto respeitada nem acolhida.

Afastei-me de indivíduos que se tornaram tóxicos e me aproximei de pessoas e de situações diferentes do meu habitual e do conhecido. Desde a inflamação cerebral, que furtou temporariamente meus movimentos, tenho iniciado a movimentação respeitosa do meu corpo. Emagreci 13 quilos, faço treinos diários e aulas de ioga e comecei o *beach tennis*.

Mas, como nada na vida são flores, as provações começaram a aparecer para testar a determinação das mudanças que propus em minha vida. Novamente, o acaso foi um "disfarce de Deus" e, durante a escrita deste capítulo, fui bombardeada por situações surreais. Dentre as várias circunstâncias, enfrentei novamente sintomas parecidos com o adoecimento do meu maior tsunâmi existencial, acordando todos os dias com dores de cabeça lancinantes, tonturas e a mesma exaustão que tive durante a inflamação cerebral. O retorno dos sintomas acentuou o medo do retorno da doença, principalmente porque, em consulta com neurologista, ouvi que estudos recentes sobre a ADEM. indicam a possibilidade de recidiva, ao contrário do que ouvi há nove anos, que a doença era rara e monofásica.

Dei-me conta de que a situação traumática permanece sempre como fantasia de retorno e imaginei que o mesmo acontece com as pessoas em luto por suicídio, que compartilham seus receios de viverem novamente a morte por suicídio de outras pessoas da família.

Também levei minha preocupação com as tonturas que estava tendo diariamente e a hipótese de que estaria tendo recaídas da inflamação cerebral para minha psicoterapia. "O novo não está posto e, ao mesmo tempo, o antigo não está mais onde estava. A novidade mexe com a percepção do mundo, da gente e do campo", afirmou meu psicoterapeuta. Busquei no dicionário a definição de tontura:

substantivo feminino

Vertigem; sensação de instabilidade corporal, caracterizada pela perda de equilíbrio; perturbação cerebral.

Maluqueira; ação ou comportamento de tonto, da pessoa que perdeu a razão. (Tontura, 2023)

Ao ler a definição, vieram as perguntas que não quiseram calar: "Karina, que 'maluqueira' é essa de você achar que está pior do que antes da inflamação cerebral? Se você não 'perdeu a razão' no seu maior tsunâmi existencial, você acha realmente que perderá agora que está na luta para se resgatar?"

Depois que fiz essa indagação, dei um sorriso de soslaio, senti serenidade em meu coração e entendi que eu não poderia viver os benefícios de uma pura vida com saúde sem pagar o pedágio. Além disso, fiz uma retrospectiva do que estava me tirando do equilíbrio e identifiquei que era o apressamento do meu próprio tempo para que atendesse a demandas além do que podia.

Resolvi me posicionar para um dos grupos, que pediu que eu enviasse vários trabalhos "urgentemente", sem acordo prévio.

Posicionar-me foi alívio imediato para o desequilíbrio. Como um passe de mágica, as tonturas também melhoraram. Parei, respirei e concluí que nem sempre preciso fazer de meus acontecimentos trágicos um destino. Ressignifiquei o que estava vivendo e compreendi que meu corpo obviamente estava dando sinais de estranhamento; as tonturas surgiram como pedágio para uma nova vida, exigindo uma modalidade diferente para sair do círculo vicioso e transformar minha vida em circuito virtuoso.

Compreendi que o desequilíbrio momentâneo era indicação de que eu estava saindo do conhecido disfuncional. Concluí que o apressamento da vida frenética nos faz perder o próprio passo e o compasso de estar em consonância com as próprias necessidades. Percebi que, todas as vezes que me sinto pressionada e apressada, devo parar para discernir o caminho a ser trilhado. O mundo tentará depositar tudo, e sou eu quem deve devolver o que não for meu. Não posso mais me permitir ser tragada novamente.

A vida é comprovação diária e incessante de que somos capazes de bancar as adversidades e de vencer as provações que surgem como testes de perseverança. Ante o desespero pela antecipação catastrófica, é importante lembrar a afirmação de Ibne Sina, também conhecido como Avicena, médico do ano de 1037: "A imaginação é a metade da doença; a tranquilidade é a metade do remédio; e a paciência é o primeiro passo para a cura".

Quando enfrentamos o bombardeio que draga a energia, devemos escolher qual é a ferida a ser cuidada primeiro, e as necessidades básicas vêm em primeiro lugar. Assim, transformamos o desequilíbrio em discernimento e a compaixão em proteção; e irrigamos a flexibilidade do dia a dia enrijecido para continuar.

Confesso que o maior desafio tem sido o desenvolvimento de flexibilidade, disciplina e foco para garantir que o percurso até este momento não seja descartado. Concomitantemente, penso que enquanto estivermos focados na assistência aos outros, não nos apossaremos da nossa própria existência. Sendo assim, aprender a nos posicionar com o objetivo de serenar as exigências é a verdadeira arte. Nesse sentido, tenho a crença de que quando *A vida não é do jeito que a gente quer* (Fukumitsu, 2019b) — título do livro que escrevi quando acometida pela inflamação cerebral —, o que nos resta é tentar direcionar nossas energias e forças para criar *suficientemente* a vida que podemos viver.

Recordo um ensinamento da psicoterapeuta de uma amiga minha de faculdade, que um dia disse uma frase que trago até hoje comigo: "Quem dá mais do que pode já está dando o que não pode". Quando a vida exige de nós mais do que podemos dar, que possamos serenar nossa mente, não reagir, respirar para tomar fôlego e, finalmente, criar estratégias para comunicar o incômodo e transformar o sentimento de desconforto em conforto. Quando não aceitamos que a pressão nos invada, o desequilíbrio passa. É preciso aprender, viver e fazer a vida acontecer.

Não sei explicar o sentido da vida, mas sei senti-lo, e percebo as nuanças que a vida me obriga a enfrentar. Percebo que, para lidar com o caos, imaginamos que precisamos correr. A pressa urge pelo instinto de sobrevivência. A falsa crença de que apenas quem tem pressa sobrevive nos faz acreditar que devemos correr e, assim, não permitimos que a ferida seja cicatrizada em seu tempo próprio. Como afirmam Garcia e Miralles (2018, p. 191): "Quando deixamos a urgência para trás, o tempo e a vida adquirem um novo significado".

Não digo que não devamos correr para nos proteger, mas correr demais para sobreviver leva a buscar desenfreadamente o preenchimento externo, que se torna porta de entrada para adições na tentativa de lidar com as reduções existenciais. O novo precisa entrar para que estejamos prontos para suportar o velho. Precisamos aprender a não esperar o resultado antes do processo. Por esse motivo, realizo o convite para invertermos a ordem do senso comum: buscar a missão antes de caminhar e, assim, assumir nova logística para reorganizar a própria vida, recomeçando a partir de novos hábitos, caminhando e fazendo a esperança em cada passo que se dá. Há, portanto, uma vida que pede para ser vivida e que deseja viver sem tempos mortos.

O tempo é irrealizável.
Provisoriamente o tempo parou para mim.
Provisoriamente.
Mas eu não ignoro as ameaças que o futuro encerra, como também não ignoro que é o meu passado que define a minha abertura para o futuro.

[...]

O que eu sempre quis foi comunicar unicamente da maneira mais direta o sabor da minha vida. Unicamente o sabor da minha vida. Acredito que eu consegui fazê-lo.

[...]

Não desejei e nem desejo nada mais do que viver sem tempos mortos.

(Beauvoir, 2018)

"Viver sem tempos mortos" significa que o passado, tempo cronológico, não poderá mais conduzir a trajetória. Dessa forma, chegar à outra margem significa libertar-se das amarras criadas pela imaginação de que somos totalmente responsáveis pelo suicídio de quem partiu. A vida da pessoa em luto por suicídio é diferente da vida da pessoa que se suicidou.

Luto por suicídio é escolha de colo para realizarmos a travessia juntos para outra margem. Então, para encerrar este livro, faço um convite e, caso você o aceite, peço:

Que você acredite que só agiu como poderia.

Que você sustente a agressividade, para que possa transformá-la em assertividade.

Que você dê espaço para a amorosidade.

Que você se mantenha firme nos vendavais e leve quando a vida trouxer as brisas.

Que o seu querer-se bem seja eterno enquanto dure.

Que a sua existência se transforme em missão, para que o bem chegue às pessoas como seu maior legado.

Que você possa viver plenamente, compreendendo que talvez a vida seja isto: pura falta de controle; semeadura incerta; colheita duvidosa; plantio missionário.

Referências

ADICHIE, C. *O perigo de uma história única*. Tradução de Julia Romeu. São Paulo: Companhia das Letras, 2019.

ALVES, R. "A morte como conselheira". In: *O quarto do mistério*. Campinas: Papirus, 1995.

_____. *As melhores crônicas de Rubem Alves*. Campinas: Papirus, 2012a.

_____. *Palavras para desatar nós*. Campinas: Papirus, 2012b.

ARIÈS, P. *O homem diante da morte*. Rio de Janeiro: Francisco Alves, 1977.

BEAUVOIR, S. *A velhice*. Tradução de Maria Helena Franco Monteiro. 2. ed. Rio de Janeiro: Nova Fronteira, 2018.

BOSS, M. *Angústia, culpa e libertação — Ensaios de psicanálise existencial*. 4. ed. São Paulo: Duas Cidades, 1988.

BROMBERG, M. H. P. F. "Luto: a morte do outro em si". In: BROMBERG, M. H. P. F.; KOVÁCS, M. J.; CARVALHO, M.; MARGARIDA, M. J. C.; CARVALHO, V. A. *Vida e morte — Laços de existência*. São Paulo: Casa do Psicólogo, 1996.

BROWN, B. *Atlas of the heart — Mapping meaningful connection and the language of human experience*. Nova York: Random House, 2021.

CHILES, J. A; STROSAHL, K D. *Clinical Manual of Assessment and Treatment of Suicidal Patients*. Washington: American Psychiatric Publishing, 2005.

CURY, A. *Felicidade roubada*. São Paulo: Saraiva, 2014.

DIÓGENES, M. de F. P. "Ressignificando histórias de vida". In: FRAZÃO, L. M; FUKUMITSU, K. O. *Recursos criativos em Gestalt-terapia*. 1. ed. São Paulo: Summus, 2021.

ELROD, H. *Milagre da manhã — Edição especial incluindo o milagre da manhã diário*. Tradução de Marcelo Schild. 2. ed. Rio de Janeiro: Best Seller, 2020.

FERREIRA, E. A. *Minha mãe se matou sem dizer adeus*. Rio de Janeiro: Record, 2010.

FISHER, R. *O cavaleiro preso na armadura — Uma fábula para quem busca a Trilha da Verdade*. Rio de Janeiro: Record, 2018.

FONTENELLE, P. *Suicídio: O futuro interrompido — Guia para sobreviventes*. São Paulo: Geração Editorial, 2008.

FORD, D. *O lado sombrio dos buscadores da luz*. Tradução de Rosane Albert. São Paulo: Cultrix, 2019.

Fossum, M. A.; Mason, M. J. *Facing shame — Families in recovery*. Nova York: W.W. Norton & Company, 1986.

Fukumitsu, K. O. "O psicoterapeuta diante do comportamento suicida". *Revista Psicologia USP*, São Paulo, v. 25, n. 3, p. 270-275, 2014a.

_____. "A busca de sentido no processo de luto: escuta Zé Alguém". *Revista de Gestalt*, São Paulo, v. 19, p. 59-61, 2014b.

_____. "Suicídio e luto, uma tarefa da posvenção para 'amar depois da dor'". *Jornal da USP*, 30 out. 2017. Disponível em: https://jornal.usp.br/?p=127148. Acesso em: 12 jul. 2023.

_____. *Programa RAISE — Gerenciamento de crises, prevenção e posvenção do suicídio em escolas*. São Paulo: Phorte, 2019a.

_____. *A vida não é do jeito que a gente quer*. São Paulo: Lobo, 2019b.

_____. *Sobreviventes enlutados por suicídio — Cuidados e intervenções*. São Paulo: Summus, 2019c.

_____. *Suicídio e Gestalt-terapia*. São Paulo: Lobo, 2019d.

_____. *Perdas no desenvolvimento humano — Um estudo fenomenológico*. São Paulo: Lobo, 2019e.

_____. *Suicídio e luto — Histórias de filhos sobreviventes*. 3. ed. São Paulo: Lobo, 2020.

_____. "Em busca do colo que cala a dor do abuso: estratégias para identificação e prevenção da morte por suicídio". In: Oliveira, W. P. S. (coord.); Oliveira, A. Z.; Oliveira, M. dos S.; Gonçalves, F. T. D. (orgs.). *A quebra do silêncio e as vertentes do abuso sexual — Manual de prevenção e intervenção*. Curitiba: CRV, 2021.

_____. *Saúde existencial — EducaDores em busca dos recomeços de uma pura vida*. São Paulo: Loyola, 2022a.

_____. "Um dedo de prosa com a morte vira 'braço' que busca o abraço". In: Gouvêa, T. V ; Fukumitsu, K. O. (orgs.). *Quando a morte chega em casa*. 1. ed. São Paulo: Summus, 2022b.

Garcia, H; Miralles, F. *Ikigai — Os segredos dos japoneses para uma vida longa e feliz*. Tradução de Elisa Menezes. 1. ed. Rio de Janeiro: Intrínseca, 2018.

Goldberg, J. P.; D'ambrosio, O. *A Clave da Morte*. São Paulo: Maltese, 1992.

Gouvêa, T. V. "A chegada da morte e seus desassossegos". In: Gouvêa, T. V.; Fukumitsu, K. O. (orgs.). *Quando a morte chega em casa*. 1. ed. São Paulo: Summus, 2022.

Hall, C. S.; Lindzey, G. *Teorias da personalidade*. São Paulo: Editora EPU, 1984.

Kimura, K. *A bagagem dos viajantes — Histórias de ética e de sabedoria*. 1. ed. São Paulo: Satry, 2014.

Kovács, M. J. *Educação para a morte — Temas e reflexões*. São Paulo: Casa do Psicólogo, 2003.

Kübler-Ross, E. *Túnel e luz*. 8. ed. Campinas: Verus, 2003.

LA ROCHEFOUCAULD, F. "Máxima 26". In: YALOM. I. D. *De frente para o sol — Como superar o terror da morte*. Tradução de Daniel Lembo Schiller. Rio de Janeiro: Agir, 2008.

NOUWEN, H. *Transforma meu pranto em dança — Cinco passos para sobreviver à dor e redescobrir a felicidade*. Rio de Janeiro: Thomas Nelson, 2007.

OPRAH's SuperSoul: Super Soul Special: Lady Gaga: Heal through kindness. [Locução de] Oprah. [S.l.]: Oprah's SuperSoul, fev. 2022. *Podcast*. Disponível em: https://open.spotify.com/episode/6ox5VAC1EgSLDsZOTum1kA?si=y3Pj_NLZRICTnuE-FRTMfw. Acesso em: 12 jul. 2023.

PARKES, C. M. *Luto*. São Paulo: Summus, 1998.

PERLS, F. S. *Abordagem gestáltica e testemunha ocular*. Rio de Janeiro: Zahar, 1973/1988.

_____. "Gestalt-terapia e potencialidades humanas". In: STEVENS, J. O. *Isto é Gestalt*. São Paulo: Summus, 1977.

_____. *Escarafunchando Fritz — Dentro e fora da lata de lixo*. São Paulo: Summus, 1979.

REMEN, R. N. *Histórias que curam — Conversas sábias ao pé do fogão*. Tradução de Laura Teixeira Motta. São Paulo: Ágora, 1998.

RINPOCHE, S. "Autobiografia em cinco capítulos". In: *O livro tibetano do viver e do morrer*. Tradução de Luiz Carlos Lisboa. 13. ed. São Paulo: Palas Athena, 2014.

ROSENBERG, M. B. *O surpreendente propósito da raiva — Indo além do controle para encontrar a função vital da raiva*. Tradução de Tônia Van Acker. São Paulo: Palas Athena, 2019.

SALOMON, A. *Um crime da solidão — Reflexões sobre o suicídio*. Tradução de Berilio Vargas. 2. ed. São Paulo: Companhia das Letras, 2018.

SANTINI, C. *Kintsugui— A arte japonesa de encontrar forças na imperfeição*. São Paulo: Planeta, 2019.

SERVAN-SCHREIBER, D. *Podemos dizer adeus mais de uma vez*. Tradução de Ivone Benedetti. Rio de Janeiro: Objetiva, 2011.

SE TEM VIDA, TEM JEITO [Ep.10 T3]: Extrair flor de pedra é se dar o direito de continuar apesar do sofrimento de um luto por suicídio. [Locução de] Karina Okajima Fukumitsu. [S.l.]: Se tem Vida, tem Jeito, jun. 2021. *Podcast*. Disponível em: https://open.spotify.com/episode/20ENKOo0ZsalbvMDSxkM2s?si=Nz37L Q5TRkq3ofSzUkKtdw&nd=1. Acesso em: 12 jul. 2023.

SE TEM VIDA, TEM JEITO [Ep.02 T4]: Para recomeçar, inicie de onde você está: com quem te respeita e com o que você tem. [Locução de] Karina Okajima Fukumitsu. [S.l.]: Se tem Vida, tem Jeito, ago. 2022. *Podcast*. Disponível em: https://open. spotify.com/episode/18IWbYqI7LWvNYQmWw91YJ. Acesso em: 12 jul. 2023.

SHNEIDMAN, E. S. "Foreword". In: CAIN, A. C. (org.). *Survivors of suicide*. Springfield: Charles C. Thomas, 1972. p. ix-xi

_____. *A commonsense book of death — Reflections at ninety of a lifelong thanatologist*. Nova York: Rowman & Littlefield, 2008.

SUFICIENTE. In: *Dicionário Infopédia da Língua Portuguesa [on-line]*. Porto: Porto Editora, 2023. Disponível em: https://www.infopedia.pt/dicionarios/lingua-portuguesa/suficiente. Acesso em: 12 jul. 2023.

SUICÍDIO. In: *Dicio, Dicionário Online de Português*. Porto: 7Graus, 2023. Disponível em: https://www.dicio.com.br/suicidio/. Acesso em: 6 jul. 2023.

TOBIN, S. A. "Dizer adeus". In: STEVENS, J. O. *Isto é Gestalt*. São Paulo: Summus, 1977.

TONTURA. In: *Dicio, Dicionário Online de Português*. Porto: 7Graus, 2023. Disponível em: https://www.dicio.com.br/tontura/. Acesso em: 12 jul. 2023.

UM NINHO para dois. Direção: Theodore Melfi. Estados Unidos: Netflix, 2021. Título original: The Starling. (102 min.)

VAN DUSEN, W. "Wu-wei, não mente e o vazio fértil". In: STEVENS, J. O. *Isto é Gestalt*. São Paulo: Summus, 1977.

VULNERABILIDADE. In: *Michaelis — Dicionário Escolar Língua Portuguesa*. São Paulo: Melhoramentos, 2008.

leia também

SOBREVIVENTES ENLUTADOS POR SUICÍDIO — CUIDADOS E INTERVENÇÕES
Karina Okajima Fukumitsu

Segundo a Organização das Nações Unidas, a cada 40 segundos uma pessoa se suicida no planeta. São quase 800 mil casos de morte autoinfligida por ano. Esses dados alarmantes têm chamado a atenção de profissionais de saúde, educadores e responsáveis pela elaboração de políticas públicas. Porém, além de prevenir esse tipo de ocorrência, é preciso cuidar daqueles que enfrentam o suicídio de um ente querido: os sobreviventes. Maior especialista brasileira no tema, Karina Okajima Fukumitsu reúne neste livro anos de pesquisa e de trabalho de campo com mães, pais, irmãos e amigos de pessoas que se suicidaram, desvendando o processo de choque, dor, agonia e tristeza pelo qual passam. Denominando posvenção o cuidado específico com esse público, a autora aborda os impactos do suicídio, detalha as dificuldades emocionais enfrentadas pelos sobreviventes, aponta caminhos para ressignificar a dor, apresenta propostas de prevenção e propõe políticas públicas para transformar a impotência individual em potência coletiva.

ISBN 978-85-323-1136-8

VIDA, MORTE E LUTO — ATUALIDADES BRASILEIRAS
Karina Okajima Fukumitsu (org.)

Esta obra visa apresentar os principais cuidados e o manejo em situações-limite de adoecimento, suicídio e processo de luto, bem como reitera a visão de que, toda vez que falamos sobre a morte, precisamos também falar sobre a vida. Escrito por profissionais da saúde, este livro multidisciplinar atualiza os estudos sobre a morte, o morrer, a dor e o luto no Brasil. Destinado a psicólogos, médicos, assistentes sociais, enfermeiros, fisioterapeutas, terapeutas ocupacionais etc., aborda temas como: espiritualidade, finitude humana, medicina e cuidados paliativos; cuidados e intervenções para pacientes cardíacos, oncológicos e portadores de doença renal crônica; intervenção na crise suicida; pesquisas e práticas sobre luto no Brasil e no exterior; luto não autorizado; as redes de apoio aos enlutados; a tanatologia na pós-graduação.

ISBN 978-85-323-1101-6

REVÉS DE UM PARTO — LUTO MATERNO
Karina Okajima Fukumitsu (org.)

Todos sabemos ser impossível catalogar a dor da perda, mas numa escala imaginária de sofrimento humano a morte de um filho certamente ocuparia o primeiro lugar. Do desespero à raiva, passando pela culpa, pela tristeza e pela aceitação, os sentimentos envolvidos nesse tipo de luto muitas vezes se misturam. Como lidar com eles sem vivenciar um aniquilamento existencial? Neste livro, doze mães trazem relatos contundentes e emocionantes sobre a experiência de perder um filho. Porém, mais do que falar da morte, elas falam da vida, honrando a memória daqueles que se foram tão jovens e mostrando que não se trata de lutar contra a dor, mas de incorporar a falta ao cotidiano, ressignificando-a. Além disso, mostram que é possível preservar a existência de quem amamos por meio da perpetuação de seu legado — seja criando grupos de apoio emocional a famílias enlutadas, seja capitaneando projetos ligados a sonhos e ideais de seus filhos. Obra fundamental para mães e pais que perderam seus filhos, bem como para sua rede de apoio, parentes e amigos.

ISBN 978-65-5549-069-5

www.gruposummus.com.br